뚜벅뚜벅 김상곤

교육이 민생이다

뚜벅뚜벅 김상곤
교육이 민생이다

초판 1쇄 발행 2014년 2월 17일

지은이 · 김상곤, 김은남
발행인 · 표완수
편집인 · 문정우

펴낸곳 · ㈜참언론 시사IN북
출판신고 · 2009년 4월 15일 제 300-2009-40호
주소 · 100-858 서울시 중구 중림로 27 가톨릭출판사빌딩 신관 3층
주문전화 · 02-3700-3256, 02-3700-3250(마케팅팀), 02-3700-3255(편집부)
주문팩스 · 02-3700-3209
전자우편 · book@sisain.kr
블로그 · book.sisain.co.kr

ISBN 978-89-94973-17-3 03300

이 도서의 국립중앙도서관 출판시도서목록(CIP)은 서지정보유통지원시스템 홈페이지(http://seoji.nl.go.kr)와
국가자료공동목록시스템(http://www.nl.go.kr/kolisnet)에서 이용하실 수 있습니다. (CIP제어번호: CIP2014003729)

뚜벅뚜벅 김상곤

교육이 민생이다

엄마 기자가 묻고 교육감이 답하다

김상곤, 김은남 지음

시사IN북
Book

□ **들어가며**

교육정의가 살아 있는 행복한 교육

경기도교육청 안순억 공보관으로부터 전화가 걸려온 것은 지난가을이었다. 오랜만에 이뤄진 통화인지라 인사부터 반갑게 주고받았는데, 그가 꺼낸 용건이 뜻밖이었다.

"교육감님이 취임 이후 해온 일들을 한번 정리해 책으로 내고 싶은데, 혼자 일방적으로 홍보하듯 쓰는 건 좀 아닌 것 같아서요. 기왕이면 누군가 학부모를 대신해 평소 궁금했던 교육 현안을 교육감님께 묻고 또 토론도 했으면 좋겠어요."

그러면서 그는 그 적임자로 맨 처음 떠오른 인물이 나였다고 했다. 나는 웃었다.

"전 이미 교육에서 손 뗀 지 오래됐어요. 현장이 어떻게 돌아가는지도 잘 몰라요."

사실이 그랬다. 내가 김상곤 교육감을 처음 만난 것은 한창 교육 담당 기자로 뛰던 5년 전이었다. '범야권 단일 후보'라고는 하지만 사실상 무명이나 다름없던 그가 2009년 재선거에서 현직 교육감을 꺾고 당선돼 파란을 일으키고, 이어 무상급식·혁신학교·학생인권조례 등의 의제를 던지며 전국적인 유명인사로 떠오르는 것을 현장에서 지켜보았다. 결국 그는 이듬해 지방선거와 함께 다시 치러진 교육감 선거에서 재선에 성공했을 뿐 아니라, 전국 각지에서 이른바 진보 교육감을 줄줄이 당선시키는 견인차 역할을 했다.

김상곤 교육감이 이렇게 '진보 교육의 수장'으로 떠오른 뒤 나는 그를 더는 만나지 못했다. 데스크를 맡아 취재 현장을 떠났기 때문이다. 보직을 마치고 기자로 돌아온 뒤에는 교육이 아닌 다른 쪽을 주로 다뤘다. 그런 내게 느닷없이 인터뷰를 진행해달라니…… 무조건 사양하고 볼 일이었다. 그런데 안순억 공보관이 이런 말로 나를 설득하는 것이었다.

"김은남 기자님도 엄마잖아요. 엄마로서, 기자로서 우리 교육을 보며 갑갑하고 분통 터지는 일이 너무 많잖아요. 그렇다면 이게 최선일까? 이런 현실을 타개할 길은 없을까? 이런 얘기를 허심탄회하게 나눠보자는 겁니다."

정곡을 찌른 말이었다. 취재 현장에 복귀하면서 내가 교육 쪽을 피한 것도 실은 그 때문이었다. 교육판을 더는 지켜보기가 괴로웠다. 그 어떤 정권, 그 어떤 정책이 등장한다 해도 상황이 별반 나아질 것 같지 않은데, 그 암담한 꼴을 지켜보며 또 글을 쓰고 싶진 않았다. 무엇보다 자신의 위선을 들키고 싶지 않은 마음도 있었다. 겉으로는 아이들의 성적보다 행복이 중요하다는 둥 온갖 입바른 말을 하면서 막상 아이 성적표를 받아들면 싫은 소리부터 쏟아내는 내가 무슨 교육 기사를 쓸 자격이 있나 싶었다.

일주일 뒤, 나는 마음을 고쳐먹었다. 일단 이토록 난해한 교육판에서 그나마 의미 있는 성과를 거둔 인물을 밀착 인터뷰할 수 있는 기회를 기자로서 놓치고 싶지 않았다. 엄마로서도 궁금한 점이 많았다. 과연 아이들이 고통 받지 않는 세상을 만들 수는 있는 것일까. 그러려면 우리는 무슨 일을 해야 할까. 온갖 의문이 머릿속을 맴돌았다.

다시 만난 김상곤 교육감은 여전했다. 옷차림도, 자세도 변함없이 단정했다. 말솜씨 없는 것도 그대로였다. 5년 전이나 지금이나 그는 '정답남' 자체였다. 허튼소리나 농담을 하는 법이 없었다. 이는 기자에겐 재앙이다. 몇 시간을 씨름해봐야 제목으로 뽑을 '섹시한 한 마디'를 건지기 어렵기 때문이다.

그래도 어쩌랴. 지난 5년, 그는 이런 화법 덕분에 살아남았는지도 모른다. 여러분도 기억하실 것이다. 김상곤의 '정책'이 문제가 된 일은 있을지언정 '말'이 논란이 된 적은 없었다는 것을. 무상급식과 학생인권조례 등을 둘러싸고 보수 언론과 정부 여당으로부터 융단폭격을 당하면서도 그는 말꼬투리를 잡힌 일이 거의 없었다.

대신 그는 정책과 행동으로 자신이 하고 싶은 것들을 보여주는 편이었다. 짧게는 2시간, 길게는 5시간씩 총 여섯 차례에 걸쳐 인터뷰를 진행하면서 나는 그가 실사구시에 능한 인물임을 새삼 깨달았다. 한 예로 김상곤을 유명하게 한 여러 정책에 대해 그는 좀처럼 저작권을 주장하는 법이 없었다. 무상급식은 경남교육청에서 아이디어를 가져온 것이고, 혁신학교는 작은 학교 살리기 운동에서 모티브를 따왔다는 식이었다. 그밖에 핀란드나 일본 교육 혁신 모델을 참고했다는 얘기를 하면서도 거리낌이 없었다. 그는 자신의 교육 혁신 모델을 광고하기보다는 외부에서 들여온 이들 모델을 어떻게 경기도에 맞게 변형해 이식하느냐에 훨씬 관심이 많아 보였다.

또 하나 알게 된 것은 그가 상당히 낙관적인 리더십을 지닌 사람이라는 사실이다. 한 예로 그는 '철밥통'이라 욕먹는 한국 교사들이 알고 보면 세계에서 가장 우수한 인재라는 점에 주목한다. 이들의 자긍심을 개혁의 동력으로 끌어내고자 노력한다. 한국 부모의 유별난 교육열 또한 그에게는 '병폐'가 아닌 '자원'이다. 그가 보기엔 부모들이 이 자원을 어떤 방향으로 써야 할지 모를 뿐이다. 아이들의 행복을 먼저 생각하는 교육, 약육강식의 전쟁터이기를 거부한 교육, 그리하여 그 누구도 차별받지 않고 뒤처지지 않는 교육…… 이미 우리 사회의 시민의식은 이런 교육을 받아들일 만큼 성숙했다. 그런데도 부모들이 이런 교육환경을 요구하는 데 쏟아야 할 힘을 개별적으로 분산시키다 보니 결국 '내 새끼'만 챙기는 왜곡이 생겨났다는 것이다.

보수 학부모·교원단체나 정치세력에 대해서도 그는 선을 긋지 않았다. 교육에 관한 한 공감대를 형성할 일이 훨씬 많다는 것이 그의 판단이었고, 그 판단은 옳았다. 무상급식이나 혁신학교 정책은 사실상 경기도 전역에서 보수·진보 차이 없이 거의 고르게 지지를 받고 있다.

'보수도 진보도 동의할 수 있는 교육 개혁'. 이는 책을 쓰는 동안 내 머릿속을 떠나지 않은 문제의식이었다. 교육에서 보수와 진보의 구분은 사실상 무의미하다. 지금 우리 아이들이 겪는 고통을 어떻게 덜어줄 것인가, 일단은 여기에 모든 초점이 맞춰져야 한다고 생각했다. 그러면서도 우리 아이들이 미래 사회에서 살아갈 역량을 어떻게 배워나갈 것인지도 중요했다. 젊은 부모들은 단순히 살인적인 경쟁 탓에 오늘날의 교육에 저항하는 것이 아니다. 지금의 교육 시스템이 너무도 낡아서 절망하는 부모도 많다. 나는 이런 생각을 품은 채 질문을 준비했다. 김상곤 교육감도 이 같은 문제의식에 동의했다. 그렇다면 그가 내놓은 교육 혁신 모델은 과연 보수와 진보를 아울러 설득할 수 있을까? 궁금한 분은 이 책 2부와 3부를 직접 보고 판단하시면 될 것 같다.

또 하나의 문제의식은 경기도 교육 혁신 모델이 과연 확장성을 가졌는가 하는 것이었다. '혹시 경기도 모델은 김상곤이라는 독특한 리더십과 지역 특성 덕분에 성공 가능하지 않았을까? 다른 지역에서도 이것이 과연 먹힐 수 있을까?' 하는 의문이었다.

지금도 이에 대한 확신은 없다. 일단 김상곤이라는 인물 자체가 분명 특이한 데가 있다. 이 때문에 이 책 4부에선 '김상곤의 삶과 꿈'을 따로 다뤘다. 이 인물이 살아온 여정과 삶의 철학을 참조하시라는 뜻에서다. 내가 만난 경기도교육청의 한 직원은 김상곤 교육감을 일러 '신의 체력'과 '비인간적인 성실성'을 지닌 인물이라 평하기도 했다. 인터뷰를 마친 지금, 나는 여기에 하나를 덧붙이고 싶다. '절제된 열정'을 지닌 인물이라고. 겉보기엔 온화하기 그지없지만 그는 가슴속에 화로 하나를 간직한 사람이다. 당장 활활 타오르진 않되 불씨가 꺼지지 않고 오래도록 남아 온기를 주변에 퍼뜨린다. 그를 계속 타게 한 동력은 '정의를 향한 신념' 정도로 요약할 수 있으리라. 그가 험난한 민주화운동 경험을 거쳐 지금의 자리에 이를 수 있었고, 교육 개혁 또한 흔들림 없이 추진할 수 있었던 데는 이런 바탕이 있었다. 지금도 그는 '교육정의가 살아 있는 행복한 교육'을 자신의 미션으로 내세운다.

나는 경기도의 성공이 전적으로 김상곤의 리더십에서만 비롯했다고 말하고 싶지는 않다. 인터뷰를 진행할수록 눈에 들어온 것이 교사와 학부모였다. 잘되는 혁신학교는 너나없이 교사나 학부모가 깨어 있다는 공통점을 갖고 있었다. 때로는 지역사회도 이를 거들었다. 밤낮없이 교육이라는 화두를 안고 모여 뭔가를 도모하려는 이들을 보면 때로 교사 노릇, 부모 노릇 하기도 힘들겠다는 생각이 절로 들곤 했다. 그러나 역시 세상사는 공들인 만큼 돌아오는 법. 단순무식하게 표현해 '교사가 피곤해야 아이들이 행복하다'랄까. 교사들의 열정이 살아 있고, 학부모들이 이를 뒷받침해주는 학교에 다니는 아이들은 한눈에 보기에도 반짝반짝 윤이 났다. 요즘 아이들이 무기력하다고 누가 말했던가 싶을 정도였다. 김상곤 교육감이 잘한 일이라면 이런 학교가 가능하게끔 판을 깔아줬다는 것이리라.

책을 마무리하면서 어쩌면 한국 교육이 살아날 길도 여기에 있을지 모른다는 생각을 해본다. 결국 정치에, 교육 당국에 맡겨놓는 것만으로는 아무것도 바뀌지 않는다. 이 책 1부나 최근의 역사 교과서 파동에서 보듯 국가는 언제라도 교육을 통치도구로 삼을 준비가 되어 있다. 여기에 맞서 아이들을 지키는 것은 결국 우리 어른들의 몫이다. 교육감은 어쩌면 우리가 더 자율적이고 더 창의적이며 더 나은 교육환경을 만들어내는 데 활용할 유용한 도구일 뿐인지도 모른다. 물론 좋은 교육감이라면 이런 시대적 소명에 충실히 따를 준비가 되어 있을 것이다.

"중요한 것은 세상을 해석하는 것이 아니라 세상을 변화시키는 것"이라 했다. 그러려면 일단 새로운 시야를 갖는 것이 중요할 것이다. 우리가 외국에 나가 충격을 받는 건, 지금껏 내가 알아온 세상이 전부가 아닐 수도 있음을 깨닫게 되기 때문이다. 교육도 마찬가지. 독자들이 이 책을 읽으면서 '다른 교육은 가능하다'는 비전을 갖게 된다면 기쁠 것 같다.

김은남

차례

□ 들어가며 | 교육정의가 살아 있는 행복한 교육 …5

1
교육, 흑역사를 말하다
학생도, 부모도, 교사도 불행해지는 교육 …17
한국 교육, 어디서부터 병들었을까 …35
박근혜 시대는 좀 나아질까 …56

2
교육, 가능성을 말하다
교사, 학부모, 학생이 모두 행복한 학교 –혁신학교 …79
학교에서 경험하는 보편적 복지 –무상급식 …109
폭력의 반대말은 인권과 민주주의 –학생인권조례 …126

3
교육, 미래를 말하다

교육 양극화 해소가 최고의 복지다 … 161

대학입시는 자격고사로, 사립대학은 국·공립대학으로 … 185

정치권력으로부터 교육을 지키는 길 -교육자치 … 201

'내 아이'를 위한 교육에서 '우리 아이'를 위한 교육으로 … 216

4
김상곤의 삶과 꿈

총학생회장, 강제징집, 그리고 학자의 길 … 235

진보 교육감으로 산다는 것 … 253

보수와 진보가 동의할 수 있는 교육 개혁을 꿈꾸다 … 267

시사IN 이명익

1
교육, 흑역사를 말하다

교육 '정보'라면 귀를 쫑긋 세우지만, 교육 '얘기'라면 손사래부터 치는 사람들이 많다. 해봐야 입만 아프고, 풀리지도 않을 문제임을 너무도 오랜 기간 학습해왔기 때문이다.

그럼에도 병을 고치기 위해서는 제대로 된 진단을 내리는 것이 우선. 1부에서는 얽히고설킨 우리 교육의 현실을 돌이켜보고, 우리의 병증이 어디서부터 악화됐는지를 되짚어보았다. 지난 반세기를 반추하다 보면 한때 가진 것 없는 이들의 희망이었던 교육이 어떻게 기득권을 확대 재생산하는 도구로 변질돼갔는지, 대강의 맥락이 짚이는 한편 한숨이 나오기도 할 것이다. 박근혜 시대를 맞은 오늘도 교육 잔혹사는 새롭게 쓰여지고 있기 때문이다.

학생도,
부모도,
교사도 불행해지는 교육

김은남 일단 무너진 교실 얘기부터 시작할 수밖에 없을 것 같습니다. 요즘은 '교실 붕괴'나 '학교 붕괴'를 넘어 '교육 불가능의 시대'라는 표현까지 쓰고 있습니다. 특히 일반고의 경우는 사실상 슬럼화됐다고도 합니다. 실제로 학교 현장을 돌아보면 어떻습니까?

김상곤 확실히 학생들이 수업에 집중하지 않고 엎드려 잔다든가 개인 행동을 하는 경향이 증가하고 있는 것 같습니다. 심지어 제가 견학을 간 학교에서도 그런 현장을 목격하곤 합니다. 옛날 같으면 보통 외부 손님이 온 날에는 평소 안 그러던 학생들도 수업에 집중하는 척하잖아요. 그런데 지금은 그게 아닙니다.

김은남 교육감이 방문한 날에도 아이들이 다른 짓을 한다고요?

김상곤 물론 제가 견학을 간 교실에는 카메라가 함께 들어가는 일이 많으니까 아이들이 카메라를 의식하는 편이죠. 그런데 화장실에 가거나 하면서 다른 반을 들여다보면 분위기가 전혀 다르더라고요(웃음). 일반고에 계시는 선생님들 말씀을 종합해보면, 정상적으로 수업에 참여하는 아이들이 좋게 봐서 한 반에 3분의 1 정도라고 합니다. 나머지 3분의 2는 수업 바깥에 있다는 얘기죠. 그러니 선생님들도 자꾸 의욕이 떨어지고, 심하게는 무기력감도 느끼는 것 같습니다.

김은남 수업뿐 아니라 학교 분위기도 갈수록 엉망이 되어가고 있다 합니다. 최근 사회 이슈가 된 학교 폭력 문제는 말할 것도 없고요. 학교 선생님들을 만나보면 학생들에게 기본적인 생활교육을 시키기가 너무 어렵다는 얘기를 많이 해요. "교실에 떨어진 휴지 좀 주워라" 하면 곧바로 "그걸 왜 제가 해야 하는데요?"라는 식의 반응이 돌아온다는 거죠.

김상곤 결국 남을 존중하고 배려하는 마음이 부족하다는 얘기겠죠. 사회 전반에 폭력적인 분위기가 증가했다고나 할까요? 그런 사회 분위기가 학교 현장에까지 영향을 끼치고 있는 것 같습니다. 가정에서의 자녀 교육도 예전보다는 소홀해진 경향이 있고요.

김은남 사회 전반에 폭력적인 분위기가 증가했다? 왜 그렇게 보시는 거죠?

김상곤 당장 자살률을 보면 알 수 있죠. 흔히 폭력은 내적 분노의 표출이라 하잖아요. 분노가 외부를 향하면 폭력이 되고, 내부를 향하면 우울증이나 자살로 나타난다고요. 그런데 한국의 자살률은 몇 년째 경제협력개발기구(OECD) 국가 중 부동의 1위를 차지하고 있습니다(2011년 기준으로 한국의 자살률은 인구 10만 명당 33.3명으로 OECD 평균인 12.4명에 비해 3배 가까이 높았다). 청소년 자살률은 OECD 국가 중 2위인데, 내용을 들여다보면 상황이 더 심각합니다. 교육부가 2013년 전국 초·중·고생 668만 명을 상대로 정신건강 조사를 벌였는데, '자살을 생각해본 적이 있다'고 답하는 등 당장 치료가 필요한 고위험군에 속한 학생이 전체의 1.5%인 9만 7천여 명으로 나타났어요. 지속적인 관심과 관리가 필요한 학생은 105만 명이었고요.

김은남 얼마 전 경기도에서도 외국어고 입시에 떨어진 여중생이 자살을 하는 비극적인 사건이 벌어졌죠?

김상곤 참 기막힌 일이죠. 경기도의 경우 학생 자살률이 계속 줄고 있는 추세입니다. 많을 때는 연 40명 수준이었는데, 지금은 23~24명 수준이에요. 그래도 이런 일이 일어날 때마다 정말 안타깝습니다. 특히 자살한 여중생의 경우 중학교 때 반에서 1등을 거의 놓쳐본 일이 없는 학생이라더군요. 우리나라는 이처럼 공부 잘하는 학생이 자살을 시도하는 비율이 꽤 높은 편입니다. 정말 아이러니죠? 사교육도 그래요. 북미나 유럽 선진국을 보면 사교육이 보습 위주다 보니 공부 못하는 학생들이 주로 학원에 다니는 경향이 있는데, 우리는 공부 잘하는 학생들이 학원에 다니는 비율이 훨씬 높아요. 공부 잘하는 학생들일수록 더 사교육에 매달리고 공부 스트레스를 받는다는 얘깁니다.

김은남 얼마 전 사립초등학교 추첨에 다녀온 학부모 이야기를 듣고 충격을 받았어요. 학교 추첨에서 떨어진 만 6~7세짜리 중 밤새 우는 아이들이 있다는 거예요. 사립초등학교가 뭐라고…… 뭔가 자기 인생이 처지고 꼬이기 시작했다는 사인을 받는 거죠. 가만 보면 아이들한테 이런 공포, 곧 탈락 내지 배제에 대한 공포가 내면화돼 있는 것 같습니다. 그러다 보니 공부를 잘하는 아이일수록 떨어지는 걸 못 참는 거 아닐까요?

김상곤 결국 부모의 문제이자 우리 사회의 문제겠죠. 어른들의 공포가 아이들한테 감염되는 것 아니겠어요?

김은남 부모들로서야 자녀들이 잘되기를 바라는 마음에 그러는 측면도 있잖아요.

김상곤 그건 궁극적으로 부모가 자녀를 어떻게 볼 것이냐의 문제와 연관돼 있는 것 같습니다. 우리나라 부모들은 자녀의 성장과 미래에 대해 너무 많은 것을 고민하죠. 많은 것을 보증하고 지켜줘야 한다는 생각에 자녀의 일거수일투족에 관심을 갖고 뒷바라지를 해주기도 하고요. 한마디로 부모의 무한 책임성이라고나 할까요? 외국과 달리 한국의 부모에게는 그런 전통이 강한 것 같습니다. 심지어는 성인이 된 이후의 생활까지 염려하고 걱정하죠. 과거에 비해 자녀가 부모를 책임지는 부분은 약해졌는데, 부모가 자녀를 책임지는 부분은 오히려 강해졌습니다. 이건 뭔가 문화의 흐름이 잘못된 방향으로 흐르고 있다는 생각이 듭니다.

김은남 자녀 교육에 올인하다 생활이 쪼들리고 노후가 피폐해지는 부모가 많죠. 그런 걸 보면서 아예 아이를 낳지 않겠다는 젊은 층도 증가하고 있고요. 결국에는 이게 나라의 미래까지 불투명하게 만들고 있습니다만.

김상곤 교육비 부담에서는 한국이 세계 최고 수준이죠. 우리나라 40~50대는 식료품비나 주거비보다 자녀 교육비를 훨씬 더 부담스러워하고, 생활비의 21.4%를 교육비에 쏟아 붓고 있다는 통계가 나올 정도니까요. 이 때문에 노후를 준비할 여력이 아예 없는 거죠. 나이가 들수록 삶에 대한 만족감이 높아지고 행복해지는 것이 선진국에서 나타나는 보편적인 현상인데, 유독 우리나라만은 반대입니다. 오히려 나이가 들수록 불행하다고 응답하는 비율이 높아지죠. 노인복지 환경이 워낙 취약한데다 이렇게 노후 준비가 부족한 것이 결정타가 되고 있는 셈입니다. 국가 차원에서 사교육비 통계를 따로 내는 나라도 한국이 유일합니다.

김은남 높은 교육열은 동아시아 국가 전반의 특징이기도 합니다만 한국은 특히나 더 유별난 것 같습니다. 이유가 뭘까요?

김상곤 역사적으로는 조선 시대부터 교육을 체계적으로 중시해왔기 때문이 아닐까요? 일제 식민지 치하에서도 교육으로 어떻게든 민족 정체성을 지키려는 움직임이 활발했죠. 해방된 뒤로는 교육이 계층 이동의 사다리 역할을 했고요.

김은남 그런데 요즘은 단순한 교육열을 넘어 아예 자녀의 삶 전반을 기획하려 드는 부모들이 많아지고 있는 것 같습니다. 이들을 일컬어 '매니저 맘' '헬리콥터 맘'이라고도 하죠.

김상곤 돌이켜보면 1980~1990년대 들어 생활수준이 나아지고 아이를 적게 낳게 되면서부터 이런 흐름이 생겨난 것 같습니다. 부모가 자녀를 단순히 지원하는 데서 나아가 자녀의 생활과 성장 과정 자체를 기획하려 한달까요? 얼마 전 군포에 있는 한 고등학교 선생님한테 이런 얘길 들었어요. 어느 날 자기 반 학부모가 항의 전화를 했더랍니다. '딸아이가 친구를 사귀지 못해 내내 어려움을 겪다가 이제 막 짝궁과 친해졌는데, 갑자기 짝을 바꾸면 어떡하냐, 원래대로 해달라' 뭐 이런 내용이었대요. 저는 이 엄마가 자녀의 주체적 성장을 심각하게 가로막고 있다고 봅니다. 고1이라면 선생님에게 충분히 자기 의사를 전달할 수 있습니다. 그런데 왜 자녀의 짝 문제에까지 부모가 나서나요?

김은남 '매니저 엄마'에 관해서는 전설 같은 얘기가 많이 떠돌죠. 자녀가 대학에 간 뒤로도 교수에게 전화를 걸어 학점을 따지는 학부모가 있는가 하면, "대학도 학원처럼 자녀의 출결 여부를 문자 메시지로 부모에게 알려주면 좋겠다"라고 진지하게 제안하는 학부모도 있다고 하더군요. 실제로 얼마 전 고려대가 학부모도 성적을 조회할 수 있는 성적 조회 시스템을 도입해 화제가 된 일이 있었죠. 그런가 하면 신입사원 회식 자리에 나타나 "우리 아이 좀 잘 봐달라"며 계산을 하고 가는 부모도 있다고요(웃음).

김상곤 부모가 그럴수록 자녀 스스로 성숙해지기는 더 어렵겠죠. 신체적으로는 성숙하더라도 정신적으로 미성숙한 상태에서 자녀가 인격체로서의 삶을 제대로 살아나갈 수 있을까요? 부모가 자녀를 죽을 때까지 책임질 수는 없을 텐데 말입니다.

김은남 누가 뭐래도 성장은 자녀 본인의 몫이고, 부모가 기획자 역할을 해서는 안 된다는 뜻인가요?

김상곤 그렇죠. 자녀의 미래를 직접 기획하려 들 게 아니라, 자녀의 성장을 지켜보면서 자녀들이 하나하나 성취해나가는 것을 격려하고 북돋워주는 것이 부모의 역할이라고 생각합니다. 때로는 자녀가 한 단계 더 나아갈 수 있는 공간을 확보해주는 역할도 해야겠죠. 부모가 모든 것을 자로 잰 듯 계획하고 제시해주는 식이어서는 자녀의 성숙이 진행되기 어렵다고 봅니다. 특히 사춘기에 자녀가 스스로 성장할 수 있게끔 지켜봐주는 것이 무엇보다 중요하다고 생각합니다.

김은남 희한한 것은 예전에는 이런 부모들이 그렇게 많지 않았다는 거예요. 그 윗세대 부모들은 먹고사느라 워낙 바빠서 자녀를 돌볼 틈이 없었잖아요? 이를테면 '방임형 부모' 밑에서 자란 세대가 '과보호형 부모' 내지 '사육형 부모'로 변신했다고 할까요?

김상곤 어쩌면 보상심리 같기도 해요. 자신이 성장 과정에서 충분히 배려받고 존중받고 지원받지 못했던 것을 자식 세대에 과도하게, 이기적으로 투영하는 측면이 있다고나 할까요? 다른 한편으로는 사회 전반적으로 경쟁이 더 치열해지고, 물질과 성공의 가치를 과도하게 요구하는 분위기도 영향을 미쳤다고 생각합니다.

김은남 지금 부모가 된 세대는 IMF 사태 등의 영향을 직접적으로 받은 세대이기도 하죠. 금융위기를 겪으면서 자신도 언제든 지금 있는 삶의 자리에서 떨려날 수 있다는 공포를 체감했달까요? 그런 만성적인 불안감이 부모들로 하여금 자녀 교육에 올인하게 만든 건 아닐까 싶기도 합니다만.

김상곤 부모들의 절박한 심정은 이해할 수 있지만, 결과가 그렇지 않다는 게 문제죠. 부모는 부모대로 자신의 주관적 판단 아래 최선을 다하는데, 자녀들은 그걸 별로 고맙게 여기질 않잖아요. 심지어 못마땅해하기도 하고.

김은남 몇 년 전 한 중학생 커뮤니티가 폐쇄된 것이 화제가 되기도 했죠. 부모와 교사에 대한 험담 내지 욕설이 너무 많이 올라와서 폐쇄했다더군요. 이 아이들에게 아빠는 '돈 벌어오는 기계'요, 엄마는 '성적에 목매는 마녀'로 통했는데, 이게 극소수 엇나간 아이들 얘긴가 하면 그렇지도 않은 것 같습니다. 부모에 대한 분노를 온라인이나 SNS에서 표출하는 아이들이 늘고 있는 거죠.

김상곤 결국 부모는 부모대로, 자녀는 자녀대로 불만이 커지는 상황인 듯합니다. 이게 사회 전반의 불만과 불안으로 증폭되는 것 같기도 하고요.

김은남 교육을 말하다 보면 어느새 얘기가 우울한 쪽으로 흐르는 것 같습니다. 그런데 여기서 한 가지 따져봐야 할 게 있는데요. 이렇게 다들 불만스러워하는데도 한국 교육의 외적 지표는 괜찮은 편이란 말입니다. OECD가 주관하는 국제학업성취도평가(PISA, Programme for International Student Assessment)에서도 한국은 늘 상위권을 유지하고 있죠.

김상곤 2013년 12월 발표한 '2012 국제학업성취도평가' 결과를 보니 한국이 OECD 34개국 가운데 수학 영역에서 1위, 읽기 영역에서 1~2위, 과학2 영역에서 2~4위를 기록했더군요(PISA는 세계 각국의 만 15세 학생을 대상으로 읽기, 수학, 과학 능력 등을 평가하는 프로그램이다. 통상 3년에 한 번 치러진다). 이번 조사에서는 한국뿐 아니라 일본, 대만, 상하이 등 동아시아 국가·도시의 성적이 전반적으로 약진한 것이 눈에 띕니다. 그런데 동아시아 국가·도시에 나타나는 공통적인 특징이 또 하나 있어요. 해당 과목에 대한 관심, 흥미도, 자신감은 한결같이 하위권에 속한다는 점이죠. 특히 수학에 대한 한국 학생들의 흥미와 자신감은 거의 바닥 수준입니다. 결국 자기가 좋아서 공부를 하는 게 아니라 타율에 의해, 어쩔 수 없이 공부를 한다는 얘깁니다.

김은남 공부를 잘하는 게 맞긴 맞나요? 우리나라 학생들의 평균 학습 시간이 북유럽 학생들의 2배에 달하던데, 이렇게 오랜 시간 공부하고 결과치는 엇비슷하게 나온다는 건 결국 공부 효율이 떨어진다는 얘기 아닌가요?

김상곤 투자 대비 효율이 낮은 게 한국 교육의 특징이죠. 공부에 투입하는 시간뿐만이 아닙니다. 교육에 투자하는 예산 비율을 따져봐도 한국이 OECD 국가 중 가장 높은 축에 들어요. 물론 정부보다 일반 가계가 부담하는 비용이 많다는 게 함정이긴 한데, 어쨌거나 우리의 교육비 투자가 적은 편은 아닙니다. 그럼에도 불구하고 한국의 교육이 질적으로 높은 수준을 유지한다고는 누구도 말하기 어려울 것입니다. 더욱이 미래 사회가 요구하는 인재, 곧 창의력과 상상력을 갖춘 인재를 길러낸다고는 더더욱 말 못하고요.

김은남 한국 교육은 내부에서뿐 아니라 외부에서 보기에도 미스터리인 모양입니다. 미국 오바마 대통령처럼 "한국 교육을 배워야 한다"고 공개적으로 주장하는 이가 있는가 하면 "한국 교육을 배워서는 안 된다"라는 비판적인 기사도 외신에서 종종 눈에 띕니다. 〈뉴욕 타임스〉는 최근 "대학입시에 대한 한국 사회의 범국민적 집착(national obsession)이 청년 세대는 물론 사회 전체를 망가뜨리고 있다"라고 비판했죠.

김상곤 외국에 나가 보면 한국 교육에 관심을 표시하는 사람들이 많습니다. '한강의 기적'으로 상징되는 한국의 사회·경제적 발전의 동인(動因)이 교육이라는 데 주목하는 것이죠. 그런 한편으로 한국 교육이 지닌 많은 문제점에 대해서도 이들은 잘 알고 있습니다. 몇 년 전 PISA 평가를 주관하는 OECD 담당자가 핀란드와 한국을 비교하면서 "핀란드는 숙제도 없이 학생들이 스스로 학업을 열심히 하고 선생님들은 그들의 뒤를 적극 지원하여 이런 성과를 얻었으나 한국은 심한 경쟁으로 이런 결과가 만들어졌다"라며 한국 학생들의 성취를 평가절하한 일도 있었죠. 얼마 전 한국을 다녀간 스웨덴 사민당 대표가 한국 교육을 긍정적으로 평가했다가 스웨덴 언론과 정치인들로부터 거센 비판을 받는 해프닝도 있었고요. "끝없는 공부와 치열한 경쟁을 빼고 스웨덴이 한국 교육에서 뭘 배울지 의문이다"라는 게 이들의 비판 요지였는데, 이처럼 '한국 교육에 장점이 있는 것은 분명하지만 한국 교육 모델을 닮아서는 안 된다'라는 게 외

연합뉴스

학생들이 운동장에 모여 '수능 대박'을 기원하며 풍선을 날리고 있다.

부의 대체적인 반응인 것 같습니다.

김은남 이번 PISA 평가 결과를 놓고 OECD가 내놓은 분석 중 흥미로운 게 교사들의 역량을 거론했다는 점입니다. 곧 한국 교사들의 높은 역량이 우수한 학업 성취도로 이어졌다는 분석인데요.

김상곤 실제로 한국 교사들의 질은 매우 우수합니다. 대학 입학 시 성적으로 교사들의 질적 수준을 평가한 〈2010 매킨지 보고서〉를 보면 미국은 SAT(미국의 대학입학자격시험) 하위 50% 수준에서 교사가 충원되는 것으로 나옵니다. 반면 한국 교사들은 대입 수능시험 성적이 상위 5% 안에 듭니다. 이 정도면 세계적으로도 가장 높은 수준입니다. 한국과 더불어 3대 교육 강국으로 꼽히는 싱가포르의 교사 수준이 상위 30%, 핀란드가 상위 20% 남짓합니다. 그런가 하면 직업 안정성이나 사회경제적 처우 또한 매우 높은 편에 속합니다. 국제 교육기관인 바르키 젬스(GEMS) 재단이 2013년 발표한 자료에 따르면 OECD 조사 대상 21개국 중 한국 교사의 위상지수(경제적 보수를 포함해 여러 자료를 종합한 지수)는 4위에 달했습니다. '자녀에게 교사가 되도록 권하겠다'고 응답한 비율도 세계 3위였습니다.

김은남 교사들의 질적 수준이 세계 최고라 하셨는데, 교사들의 열정 또한 세계 최고 수준인지에 대해서는 고개를 갸웃하는 학생과 학부모들이 많을 것 같습니다. 학생한테는 관심이 없고 자기 할 일만 챙기는 교사, 심지어 수업 시간에 질문을 하면 "그런 것도 학원에서 안 배워왔냐"고 타박을 놓는 교사들이 여전히 많다는 얘기가 들립니다.

김상곤 비극적인 일이죠. 방금 인용한 바르키 젬스 재단 조사 결과에 따르면 한국의 교사 신뢰지수는 19위에 불과합니다. 교사가 탐나는 직업이고 위상도 높은 직업임에는 분명한데 사회적인 신뢰지수는 바닥인 셈입니다. 그뿐 아닙니다. '교사를 존경한다'는 학생의 비율은 21개국 중 단연 꼴찌였습니다. 그렇다고 교사들은 과연 행복할까요? 아닙니다. 이렇게 우수한 인재가 교사가 되고 사회적 위상 또한 높은데도 우리나라 교사들이 느끼는 자기 효능감은 세계에서 가장 낮은 것으로 나옵니다. PISA 설문 평가 중 '교사가 얼마나 만족감을 가지고 아이들을 가르치느냐'를 묻는 항목이 있는데, 여기서 한국 교사들이 꼴찌예요.

김은남 한국 학생들이 성적은 우수한 반면 자신감이나 자기 효능감이 낮다는 건 잘 알려진 사실인데, 알고 보면 교사들도 그렇다는 거네요?

김상곤 그렇죠. 묘하게 닮았습니다. 교사나 학생이나 가장 우수한 자질을 갖고 우수한 결과를 내는데도 자기가 하는 일에 의미나 재미를 느끼지 못한다는 거죠. 자기 생각과 무관한 기계적인 지식을 주고받는다고나 할까요? 그러다 보니 이 과정에서 상호 교감이나 성장 같은, 교육적 요소가 삼투할 여지가 줄어드는 거죠. 교단의 뿌리 깊은 관료주의 또한 재미와 흥미를 가로막는 요소입니다. 교육의 핵심은 누가 뭐래도 자주와 자율, 전문성이라 할 수 있죠. 그런데 지금의 학교 현장은 교육관청→교장→교사→학생으로 이어지는 상명하달식 기계적 질서가 지배하고 있으니까요.

김은남 그럼에도 불구하고 교사들이 지금 받고 있는 사회적·경제적 대우만큼 제 역할을 하고 있는지에 대해서는 심각하게 생각해볼 문제라는 생각이 듭니다. 교사들이 지나치게 '약자 코스프레'를 하고 있다는 비판도 있어요.

김상곤 그런 이유로 교사들을 '철밥통'이라 비난하기도 하죠. 안정성이 높은 직업 기반 위에서 매너리즘에 빠져 있다고요. 실제로 그렇게 비판받을 만한 측면이 없는 것은 아닙니다. 다만 그 이면을 들여다볼 필요가 있을 것 같아요. 교사들이 매너리즘이나 무력감에 빠져 있는 이면에는 교사가 전혀 자율성을 발휘할 수 없는 제도나 문화가 놓여 있거든요. 이런 것들을 그대로 둔 채 교사들만 비난해서는 문제 해결이 어렵다고 생각합니다. 교원평가 같은 걸 강화한다고 해결될 문제도 아니에요. 오히려 교사들의 자발성을 이끌어낼 만한 물꼬만 터주면 학교가 놀랍게 변하는 것을 볼 수 있습니다. 실제로 혁신학교 같은 경우가 이를 보여준 사례죠. 우리나라 교사들은 지적 수준이 높기 때문에 통제나 속박을 싫어하고 본인의 능력을 자발적으로 발휘하려는 욕구가 강하다고 봅니다. 이런 교사들을 위해 제대로 된 여건을 만들어주는 것이 필요하다는 거죠. 우리가 흔히 북유럽 교육을 부러워하는데 북유럽 교육의 성공을 가능케 한 가장 중요한 요소가 교사들의 힘입니다. 교육행정 당국과 교사가 철저하게 수평적·상호보완적인 관계를 유지하는 가운데 교사들의 역량이 최대치로 발휘되고 있는 것이죠.

김은남 자, 이로써 우리 교육을 둘러싼 비극의 얼개는 어렴풋이 밝혀진 것 같습니다. 결국 교사도, 아이도, 부모도 누구 하나 행복하지 않다는 거네요. 그렇다고 교육이 한국의 앞날을 책임질 만큼 선진적이고 미래 지향적이냐 하면 그것도 아니고요.

김상곤 맞습니다. 학생·학부모·교사 모두가 힘들어지면서 교육이 우리 사회의 애물단지가 돼버렸어요. 한때는 교육이 가진 것 없는 사람들의 희망이던 시절이 있었는데, 지금은 오히려 희망을 말살시키는 측면도 있고요. 그렇다면 이 문제를 어떻게 풀 것인가. 우선은 우리보다 앞선 나라들의 선진 교육 시스템을 살펴봐야 하는 것 아닌가 싶어요. 선진 교육이 흘러가는 방향을 잘 보면 첫째는 개방성, 둘째는 학생들의 소질과 소양에 맞는 창의력 계발, 셋째는 사회 다수가 교육으로 인해 행복이 증진되는 쪽으로 옮겨가는 것을 알 수 있습니다. 한국은 압축적인 경제성장을 이루었죠. 대량생산이 중심이던 그 시절에는 빠른 속도로 산업에 필요한 표준화된 인재를 길러내야 했기에 사실상 개성이나 창의력을 생각할 여지가 별로 없었습니다. 그렇지만 2000년대 이후, 1인당 국민소득이 OECD 중간 수준에 오르면서는 우리도 선진 사회에 대한 고민을 구체적으로 해나가야 하는 상황에 이르렀죠. 우리 교육 또한 미래에 맞는 교육으로 변모해야 했고요.

김은남 선진화 내지 선진 사회라는 표현은 보수 진영에서 주로 쓰죠. 이른바 진보 교육감의 대표 주자로 꼽히는 분께서 그런 표현을 쓰니 느낌이 색다릅니다(웃음).

김상곤 교육은 보수와 진보의 이념으로 접근할 필요도, 접근해서도 안 되는 사안이니까요. 제가 교육감이 되면서 제기한 무상급식이나 혁신학교, 학생인권 등의 문제도 처음엔 색깔론으로 공격을 받았지만 지금은 보수·진보가 공유하는 어젠더가 되지 않았습니까? 박근혜 대통령 또한 무상보육 등 보편적 교육복지와 행복교육을 공약으로 제시하며 당선된 바 있고요. 물론 이들 공약이 제대로 지켜지는지는 별개의 문제겠지만, 교육의 변화 방향과 관련해서는 진보와 보수를 막론하고 공감대를 찾을 수 있다는 가능성을 보여준 것이라고 저는 생각합니다. 입시 위주 경쟁 교육, 획일적이고 권위주의적인 학교 행정, 개성과 창의성을 무시하는 교육 과정 등 교육의 핵심 문제에 대한 진단은 보수나 진보나 거의 유사합니다. 그런 만큼 앞으로 우리 교육이 나아갈 방향에 대해서도 보수와 진보가 어느 정도는 공감대를 이룰 수 있다고 봅니다.

김은남 보수와 진보가 동의할 수 있는 교육 개혁이라면?

김상곤 선진교육, 미래교육, 행복교육. 이렇게 요약할 수 있을 것 같습니다. 제가 지난 5년간 경기도에서 해온 교육 혁신 작업들이 그나마 호응을 받았다면 이런 방향의 개혁을 추구해서였을 것입니다.

한국 교육, 어디서부터 병들었을까

김은남 한때 교육이 희망이었던 시절이 있었죠. 개천에서 용 나는 신화가 가능했던 시절이 분명 있었고, 이에 따른 교육열이 한국의 경제성장을 떠받치는 주된 축으로 작용하기도 했습니다. 그런데 지금의 교육은 학생·부모·교사 모두를 불행하게 만들고, 사회의 양극화 또한 더 심화시키는 역기능을 발휘하고 있는 것 같습니다. 어디서부터 잘못된 걸까요? 역사적 진단부터 해볼 필요가 있을 것 같습니다. 병력(病歷)을 꼼꼼히 살펴야 제대로 된 처방전도 나오지 않겠습니까?

김상곤 심각하면서 거창한 주제네요(웃음). 제 나름대로 정리한 바를 말씀드리자면, 저는 교육의 공공성이 약화된 데서부터 비극이 비롯됐다고 생각합니다. 한국 사회와 교육이 '더불어 사는 사회'에 대한 공감대를 상실한 채 효율과 경쟁의 가치를 극단적으로 좇은 결과라고나 할까요? 지난 반세기 동안 한국 사회를 지배해온 것은 승자 독식주의였죠. 승자가 모든 것을 갖는 구조 속에서 사회 전반에 줄서기 문화가 팽배해졌고, 교육 또한 서열화되었다고 봅니다.

김은남 승자 독식주의가 언제부터 우리 사회를 지배했다고 생각하시는데요?

김상곤 식민지 경험이 일단 큰 영향을 미치지 않았을까 생각합니다. 식민치하를 경험하면서 과거에 존재하던 신뢰관계가 완전히 해체돼버렸으니까요. 이어 해방정국과 한국전쟁을 잇달아 거치면서 현대적 신뢰관계가 미처 형성되지 못한 상태에서 미국식 경쟁 교육이 우리 사회에 뿌리를 내리게 되었죠. 1980년대 이후에는 신자유주의 정책을 무비판적으로 수용하게 되었고요. 그 뒤 신자유주의의 본고장인 미국에서도 많은 변화가 있었는데, 우리는 이런 변화를 수용하지 못한 채 경쟁지상주의로만 치달았죠. 여기에 일제 강점기 교육이 남긴 관료주의적 찌꺼기까지 결합한 채로요. 이런 전근대적 문화와 경쟁지상주의적 풍토를 바꿔내려면 정치권력과 국민이 합심해 다 같이 중요한 결단을 내려야 하는데, 우린 그간 이런 결단을 끌어내는 데 실패해왔던 것 같습니다. 이런 결단이 가능하기 위해서는 사회적 신뢰가 뒷받침이 되어야 하는데, 그만한 문화적 자산, 그러니까 신뢰가 없었던 거죠. 교육의 공공성을 확고히 지켜내야 한다는 사회적 합의도 부족했던 것 같고요.

김은남 그럼에도 불구하고 역대 정권은 끊임없이 교육 개혁을 시도하곤 했습니다. 그중에서 특별히 평가하는 정책이 있습니까?

김상곤 박정희 전 대통령이 도입한 평준화 정책, 그리고 김대중 전 대통령 시절 명문화한 대입 3불 정책(본고사·기여입학제·고교등급제 금지)을 높이 평가하고 싶습니다. 이들 정책이 있었기에 그나마 한국 교육의 공공성이 유지될 수 있었다고 봅니다.

김은남 박정희 전 대통령의 평준화 정책이라면 1969년 중학교 무시험 배정제 도입과 1974년 고교 평준화 조처를 의미하는 건가요? 혹시 본인도 이들 제도의 수혜자입니까?

김상곤 아닙니다. 1969년에 저는 이미 대학생이었으니까요(웃음).

김은남 그렇군요. 흥미로운 게 1974년 고교 평준화 조처를 발표하면서 당시 문교부장관이 내세운 명분이 '국민총화'라는 거예요. "속칭 KS 마크가 출세의 척도가 된다는 사회의 그릇된 통념은 국민총화에 역행"되기에 고교 평준화를 추진하게 됐다는 것이죠. 물론 이게 당시 고교 입학을 앞두었던 대통령의 아들을 염두에 둔 조처였다는 등 말도 많았지만, 명분 자체는 지금 상황에 대입해도 크게 어색하지 않을 것 같습니다. 지금도 '할아버지의 경제력과 엄마의 정보력'이 아이의 미래를 좌우한다고 많은 사람들이 믿고 있잖아요. 이런 상황이 정의롭지 않다고도 여기고요.

김상곤 그런 측면이 있죠. 저는 박정희 정부가 중학교 무시험 전형이나 고교 평준화를 시행한 것은 상당히 과감한 결단이었다고 봅니다. 지금 많은 분들이 대학입시를 필수 불가결한 것으로 여기면서 입시 없는 대학 진학은 불가능하다고 생각합니다. 과거에는 고교 진학이 그랬습니다. 고교입시가 없어진다는 걸 그 누구도 상상하지 못했던 거죠. 저는 당시의 고교입시나 지금의 대학입시나 진학의 한 방식일 뿐이라고 생각합니다. 그것도 가장 획일적이고 관료적이면서 비교육적인 나쁜 방식이라고요. 선진국을 보면 입시 대신 자격고사 방식을 채택한 나라가 훨씬 많아요. 이렇게 모두가 불가능하다고 생각했던 제도 개편을 현실로 만들어 입시 고통을 완화하고 교육의 공공성을 확대했다는 점에서 저는 평준화 정책에 주목합니다. 다만 그 시절이 모든 게 통제되고 관리되던 군사정권 시절이다 보니 민주적 합의 절차 없이 위로부터 밀어붙였다는 한계는 분명히 지적해야겠죠.

김은남 대학입시 제도와 관련된 얘기는 나중에 다시 자세히 나누도록 하고요(63~65쪽 참조), 평준화 정책과 관련해서는 지금도 많은 논란이 있습니다. 경기도의 경우 아직 비평준화 지역이 많죠? 그런 만큼 경기도에서도 평준화 논란이 현재 진행형일 것 같은데요.

김상곤 제가 교육감으로 있는 동안 광명·안산·의정부 3개 지역에서 고교 평준화를 실시했죠. 용인은 2015년부터 평준화를 실시할 예정이고요. 이들 지역의 경우 이른바 지역 명문고를 나온 분들이 평준화를 반대하는 경향이 있습니다. 이분들이 주로 우려하는 게 평준화가 되면 명문고의 전통이 끊기는데다 지역 인재가 외부로 유출된다는 것입니다. 그런데 광명·안산·의정부의 경우 평준화 이후 타지 유출 비율은 거의 없고 오히려 외지인 전입이 는 것으로 나타났습니다. 물론 이들 지역 일부가 경기혁신교육지구(경기도교육청과 기초 단위 지자체가 협약을 맺어 지역 단위로 추진 중인 공교육 혁신 모델)로 지정돼 있어 단순히 평준화 효과만으로 설명하기는 어렵습니다만.

김은남 결국 평준화를 반대하는 핵심 논리가 성적이 하향 평준화된다는 것 아니겠습니까? 지역 인재가 유출되리라는 우려가 나오는 것도 그래서일 테고요.

김상곤 저는 왜 그런 얘기가 계속 나오는지 모르겠어요. 한국교육개발원 등의 연구 결과를 보면 평준화 이후 아이들의 전반적인 성적이 떨어지는 게 아니라 오히려 올라가거나 현상을 유지하는 것으로 나오거든요. 이건 상식적으로 생각해봐도 금방 알 수 있습니다. 보통 명문학교라는 데서는 선생님들도 가르칠 맛이 난다고 하죠. 공부를 잘하는 것은 물론이고 유복한 집 아이들이 대부분이다 보니 이른바 품성도 좋은 편이라고요. 그런데 이런 학교가 몇 군데나 되겠습니까? 수십 곳 중 한두 곳이나 될까요? 한두 곳을 뺀 나머지 학교의 교사와 학생들은 힘이 빠지게 돼 있습니다. 교사도 가르칠 맛이 안 나고 아이들도 공부할 맛이 안 나죠. 교육학자들이 연구한 논문을 보면, 공부 잘하는 학생들끼리만 모아놓는 것보다 잘하는 학생과 못하는 학생들을 섞어놓을 때 서로 도우면서 자극을 받는다고 해요. 교사들도 마찬가지입니다. 다양한 학생들이 섞여 있어야 자극을 받을 수 있어요.

요즘 많이 얘기되는 게 '협동학습'이죠. 교육에는 경쟁뿐 아니라 협동의 원리도 필요하다는 것인데, 단지 도덕적으로 옳아서만이 아니에요. OECD가 다음번 PISA, 그러니까 2015년 평가에서 새로운 평가 기준으로 도입한 것이 협력적 문제 해결 능력(CPS, Collaborative Problem Solving)이에요. 정보기술이 발달한 미래 사회에서는 한 개인이 특출난 재능을 발휘하기보다 개인들이 협업해 문제를 해결하는 능력이 훨씬 더 중요해진다는 거죠. 국제교육협의회(IEA)가 세계 36개국 청소년의 '사회적 상호작용 역량 지표'를 개발해 계산한 결과를 지난 2011년 발표한 적이 있어요. 중학교 2학년 학생 약 14만 명에 대한 설문조사 자료인 '국제시민교육연구(ICCS)'가 바탕이 되었는데, 이 조사에서 한국 학생들이 35위에 그쳤습니다. 사실상 이웃과 조화롭게 사는 상호작용이나 협업 능력이 꼴찌라는 얘기죠. 가장 안타까운 통계 가운데 하나입니다.

김은남 다시 군사정부 시절 얘기로 돌아가겠습니다. 박정희 시절도 그랬지만 일각에서는 '교육에 관한 한 전두환 때가 나았다'고 얘기하는 사람들이 있습니다. 특히 386세대 부모들의 경우는 5공 시절의 과외금지 조처를 매우 생생하게 기억하고 있죠. 이 세대는 전두환 시대의 폭압통치에 치를 떨면서도 교육에 관한 한 '사교육이 전면 금지된 덕분에 가난한 집안 출신도, 시골 출신도 대학에 갈 수 있었던 마지막 황금기'로 1980년대를 기억하고 있습니다.

김상곤 전두환 정권의 사교육 금지 조처는 내용상으로는 바람직한 조처였다고 봅니다. 그러나 방법 자체가 사실상 일괄 통제 방식으로 흐르다 보니 많은 한계를 노출했죠. 일단은 보충학습이나 예·체능 과외, 대학생 아르바이트 수준의 과외마저 전면 통제하면서 선의의 교육활동마저 위축시키는 결과를 낳았으니까요. 이것이 결국에는 음성적 사교육을 부추기는 부작용을 낳았고요. 그 결과 전두환 정권 말기에는 예·체능, 보충수업, 대학생 과외를 차례로 풀어주다 종국에는 시장에 굴복해버리는 현상이 나타났습니다. 어찌 보면 당시의 기득권과 타협한 것으로도 볼 수 있겠죠.

김은남 전두환 정권의 교육정책에 대해서는 굉장히 비판적이시군요. 민심을 얻는 포퓰리즘으로는 성공적이었으나 근본적인 문제를 건드리지는 못했다는 건가요?

김상곤 국가가 통제하는 방식으로 교육을 책임지는 시대는 이미 전두환 정권 말기에 끝난 거라고 저는 생각합니다. 2000년에는 헌법재판소가 과외금지 조처에 대해 위헌 판결을 내림으로써 이 같은 논란에 종지부를 찍기도 했죠. 그뿐 아니라 저는 전두환 정권이 당시의 시대적 흐름을 제대로 읽어내지 못했다는 점에서 비판을 받아야 한다고 봅니다. 세계적으로 교육의 커다란 분수령이 되는 시기가 1980년대 중반입니다. 이 시기 레이거노믹스, 대처리즘이 등장하면서 영미식 신자유주의적 교육 개혁이 시작되죠. 그러면서 교육의 패러다임도 바뀌기 시작합니다. '공급자 중심의 교육'을 강조하던 산업화 시대와 달리 '수요자 중심의 교육'을 요구하는 시대가 열린 것이죠. 그런데 전두환 정권은 이런 흐름을 읽지 못했고, 새로운 시대적 요구에 슬기롭게 대처하지도 못했습니다.

김은남 영미식 교육 개혁을 적극 수용한 단초가 된 것이 1995년 김영삼 정부가 발표한 5·31 교육 개혁안이었습니다. 5·31 교육 개혁안은 김대중·노무현 정부를 거쳐 현재까지도 큰 영향을 미치고 있죠.

김상곤 5·31 교육 개혁안은 몇 가지 긍정적인 의미도 담고 있었습니다. 5·31 교육 개혁안에서 처음으로 제시된 것이 '수요자 중심의 교육'이라는 모토였으니까요. 학교 교육의 자율화를 강조한 것 또한 과거에 비해 크게 개선된 측면이었습니다. 그렇지만 5·31 교육 개혁안은 시장주의적인 경쟁과 효율을 핵심적인 가치 덕목으로 삼는 교육 개혁이었다는 점에서 뚜렷한 한계를 가질 수밖에 없었던 것 같습니다. 바뀐 시대 환경에 적응하기 위해서는 교육의 공공성이 더 체계적으로 발전돼나갔어야 할 텐데, 현실은 오히려 시장주의적 효율을 중시하는 방향으로 치달았으니까요. 그러면서 여러 병폐가 누적되기 시작했죠. 한 예로 5·31 교육 개혁안에 포함된 내용 중 하나가 '대학설립 준칙주의'였습니다. 이전까지는 대학 설립 시 자격 규정이 아주 까다롭게 돼 있어 하나하나 인·허가를 받아야 했는데, 대학설립 준칙주의가 통과된 뒤로는 몇 가지 기본 요건만 갖추면 누구나 쉽게 대학을 설립할 수 있게 된 것입니다. 그 결과는 우리가 보는 대로입니다. 대학 수가 엄청나게 늘어났고, 대학 진학률도 덩달아 올라갔죠.

김은남 그렇지만 대학 설립이 급속도로 늘어난 데는 김대중 정부가 더 큰 영향을 미치지 않았나요? 대학에 가고 싶은 사람은 누구나 갈 수 있어야 한다며 대학 설립을 적극 장려한 것이 김대중 전 대통령이었다고 기억됩니다만.

김상곤 물론 그런 측면이 있죠. 그 단초를 5·31 교육 개혁안이 제시했다는 얘깁니다. 그 뒤 '시·군별로 대학이 하나는 있어야 한다'면서 정치인들이 나서고 실제로 지역마다 대학 유치 활동이 벌어지면서 몇 년 사이 전국에 대학이 엄청나게 늘었죠. 현재 4년제 대학이 200여 개, 전문대학이 140개가 좀 넘는데 이중 상당수가 그때 생겨난 대학들이라고 보면 됩니다.

김은남 대중의 열망과 맞아떨어진 측면도 있다고 봐야 하지 않을까요? 그만큼 대학에 가고 싶어 하는 사람들이 많았으니까요.

김상곤 물론 우리 사회의 높은 교육열을 감안해야겠죠. 문제는 이렇게 대중 추수로 흐르면서 경쟁과 효율만 강조하다 보니 정부가 중장기적 전망을 갖지 못한 채 대학을 시장에 내맡겨버리게 됐다는 거예요. 유럽처럼 일단 한 사회의 대학 진학률을 어느 정도로 맞출 것인지 면밀히 검토한 다음 고등교육 정책을 짰어야 했는데, 우린 그러질 못했다는 거죠. 한 나라의 대학 진학률이 80~90%에 이른다는 게 어찌 보면 기형적인 거잖아요.

김은남 대학을 시장에 맡겨버렸다? 그건 무슨 뜻이죠?

김상곤 유럽 국가 대부분은 국공립 대학 체제를 유지하고 있죠. 대학생들이 학비를 거의 내지 않습니다. 반면 한국은 전체 대학 중 사립대 비중이 80%에 달합니다. 미국에는 사립대학이 많을 것 같죠? 하지만 미국도 사립대 비중이 30% 남짓합니다. 한국의 사립대 비중이 이렇게 기형적으로 높아진 이유는 대학설립 준칙주의의 영향을 빼고는 설명할 수가 없어요. 이렇게 대학을 시장에 맡겨놓으면서 대학 설립을 유도하다 보니 대학이 부실해질 수밖에 없었습니다. 2010년 감사원 감사 결과에 따르면, 대학설립 준칙주의에 따라 설립한 대학 중 교원 확보율 최소 기준을 확보하지 못한 대학이 80%에 이르렀다고 해요. 그뿐 아니라 대학 등록금도 천정부지로 치솟기 시작했죠.

이런 부실한 대학들이 대학 재정을 사실상 등록금에 의지하면서 해마다 경쟁적으로 등록금을 인상했으니까요.

김은남 결국 문민정부에서 민주정부로 이어지면서 교육 상황은 더 악화된 셈이네요.

김상곤 그렇게 볼 것만은 아닌 게, 김대중 정부 시절 초·중등 교육에 막대한 투자를 한 점은 높이 평가해야 하니까요. 김대중 정부 시절 주요 기업을 민영화하는 과정에서 형성된 자금 일부를 교육에 투자했죠. 덕분에 한 반에 50~60명 수준이던 초·중등학교 학생 수가 30~40명 수준으로 줄어들 수 있었습니다. 교육 시설에도 상당한 투자를 했고요. 아까 말씀드린 대로 대입 3불 정책을 명문화한 것도 그 뒤 교육이 나아갈 방향을 제시하는 데 중요한 역할을 했다고 봅니다. 다만 학교 현장의 변화를 이끌어내는 실질적인 교육정책이랄까요, 이런 데서는 특별한 성과를 만들어내지 못한 것 같습니다. '열린 교육'이나 '이해찬식 개혁 정책'이 화제가 되긴 했습니다만 위로부터, 관이 주도하는 형태의 개혁이다 보니 현장에 정착되지 못하고 실패로 끝났던 것 같습니다.

김은남 노무현 정부는 어떻습니까? 사실 많은 사람들이 아이러니하게 생각하는 것이 이른바 참여정부 시절 특목고·자사고 등 현재 특권 교육의 주범으로 지목되는 학교 형태가 본격적으로 도입됐다는 것인데요.

김상곤 노무현 정부가 출범하자마자 교육혁신위원회를 구성하는 등 교육 개혁에 상당한 의욕을 보였죠. 초반에 전성은 교육혁신위원장이 대학입시 개혁안을 야심차게 내놓기도 했고요. 그렇지만 결과적으로 교육혁신위에서 내놓은 아이디어가 실질적인 정책으로 입안되어 집행된 것은 거의 없었던 것 같습니다. 교육관료를 장악하는데 실패했던 것이죠. 혁신위원과 관료들이 부딪칠 때는 최종적으로 청와대가 나서 갈등을 정리해줬어야 하는데, 청와대가 그런 역할을 해줬던 것 같지도 않고요. 그러다 보니 노무현 정부가 자사고·특목고처럼 교육 경쟁을 격화시키는 틀을 마련했다는 비판만 더 부각되는 듯합니다.

김은남 대입 수험생들이 수능과 내신, 여기에 논술까지 준비해야 한다는 뜻에서 이름 붙여진 이른바 '죽음의 트라이앵글'이 시작된 것도 이 시점이었죠?

김상곤 안타까운 일이죠. 교육적 본질에 충실하고자 했던 정책이 오히려 사교육을 성행케 하는 결과로 이어졌으니까요. 대입 평가에 내신이 포함된 것은 고교 교육을 정상화하기 위해서였습니다. 논술이나 서술형 평가는 교육 선진국에서는 잘 정착된 지성적 문화의 산물이기도 하고요. 그런데 그 어떤 좋은 제도라도 한국의 줄 세우기식 만능 경쟁 시스템에 이식되면 본래의 좋은 뜻이 변질돼버리는 것 같아요. 경쟁을 촉발시키는 기제가 되지 교육을 정상화시키는 기제로 작동하지는 않는다고나 할까요.

김은남 줄 세우기식 경쟁 시스템이 바뀌지 않는 한 어떤 교육적 처방이나 개혁도 소용이 없을 거라는 데는 많은 사람이 공감할 것 같습니다. 중요한 것은, 이명박 정부로 들어오면서 상황이 더 악화되기 시작했다는 거예요. 이명박 대통령의 경우 임기 내에 자율형 사립고 100곳을 설립하겠다는 등 고교 다양화 정책을 내걸었는데, 임기 5년이 지난 지금 와서 돌아보면 학교가 다양해졌다기보다 결과적으로 '특목고-자사고-자율형 공립고-일반고'로 이어지는 새로운 고교 서열이 등장했다는 평가입니다.

김상곤 이명박 정부의 가장 큰 문제는 다양화와 서열화를 구분하지 못했던 점이라고 봅니다. 이명박 전 대통령이 서울시장으로 있을 때 기자들과의 간담회 자리에서 "교육자가 손을 뗐으면 (이미 한국은) 세계 최고의 입시제도를 가졌을 것"이라고 얘기한 적이 있더군요. 교육자 대신 시장에 맡겨놓으면 교육이 잘될 거라는 생각을 일찍부터 품고 있었던 거죠. 그러면서 자신은 평준화를 반대하고, 자사고·특성화고·마이스터고 같은 다양한 형태의 학교를 만들어 학부모와 학생의 선택권을 보장하겠다는 얘기를 후보 시절부터 했습니다. 이렇게 하면 사교육비도 줄어들 거라면서요.

이명박 정부는 고교 다양화 정책을 내걸었지만 결과적으로 특목고-자사고-자율형 공립고-일반고로 이어지는 새로운 고교 서열을 만들어내고 말았다. 사진은 특목고 입학설명회 모습.

김은남 실제로 이명박 정부 후반부 들어 사교육비가 줄어들었다는 통계도 나왔습니다.

김상곤 사교육비가 줄어든 게 맞긴 한데, 교육정책이 성공해서라기보다는 전반적인 시장 상황의 영향이 아니었을까 하는 생각이 듭니다. 글로벌 금융위기의 여파로 국민들의 소득수준이 떨어지면서 가계마다 사교육비 지출도 줄였을 가능성이 높으니까요. 전체 학생 수가 줄어든 만큼 사교육비 전체 지출액이 줄었을 가능성도 있습니다.

김은남 학생이나 학부모 입장에서야 선택권이 다양해지는 게 뭐가 나쁘냐는 반론도 있을 수 있어요. 얼마 전 자사고 설명회를 취재하러 갔는데, 한 학부모가 이런 얘길 해요. "우리 아인 남자아이라 산만해서 일반고에 가면 망한다. 수업 분위기가 좋은 자사고에 꼭 가고 싶다"고요. 이런 부모들을 탓할 수는 없는 거 아닐까요?

김상곤 문제는 소위 있는 집 아이여야 이런 학교를 갈 수 있다는 것이겠죠. 등록금만 해도 일반고와 3배 가까이 차이가 나니까요. 특목고는 아예 입시 방식부터 있는 집 아이들에게 유리하게 되어 있고요. 저는 이런 아이들끼리만 그룹핑을 하겠다는 건 일종의 특권교육적 발상이라고 봅니다. 사실상 소득수준으로 학교별 칸막이를 치겠다는 발상이니까요. 이런 식의 특권교육은 모든 학생이 동등하게 누려야 할 권리와 권한을 침해할 수밖에 없습니다. 물론 서구에도 귀족형 사립학교가 있죠. 그렇지만 이들 학교는 오랜 역사적 과정을 거치면서 형성된 만큼 학교별로 각자 지향하는 바가 분명한 경우가 많습니다. 그런데 한국의 자사고는 역사적 맥락 없이 급작스럽게 만들어진데다 사실상 교육 내용을 봐도 특별한 차이 없이 입시 교육 위주로 운영되는 경우가 많아요. 이런 논란을 떠나 저는 무엇보다 국가가, 권력이 어떤 역할을 해야 하는가를 묻고 싶습니다. 제대로 된 권력이라면 사회 구성원이 가진 계층적인 차이를 어떻게 통합해 나갈지 고민해야 하지 않을까요? 이를 분화시키는 방향으로 간다면 뭔가 잘못된 것 아닐까요?

김은남 '평준화를 넘어 다양화로', 이게 이명박 전 대통령의 교육정책 브레인이자 이명박 정부 최장수 장관이었던 이주호 교육부장관의 캐치프레이즈이기도 했는데요. 결과적으로는 평준화와 다양화 모두에 실패했다고 보시는 건가요?

김상곤 평준화와 다양화를 대립적인 개념으로 본 것 자체가 잘못이라고 봅니다. 저는 두 가지가 함께 결합돼나갈 수 있다고 생각합니다. 학교 구성은 평준화하되 교육 과정은 다양화하는 방향으로 가야 합니다. 그러니까 자사고처럼 학교 자체를 구별 짓는 것은 부적절한 반면 개인의 소질과 소양에 따라 다양한 교육을 받고 꿈과 끼를 키운다는 측면에서 교육 과정의 다양화는 꼭 필요합니다. 가령 호주에서는 일반학교에서도 기술교육과 직업교육을 함께 실시합니다. 대학이냐, 취업이냐에 따라 다양한 교육 과정을 선택할 수 있게끔 다양성을 극대화하는 것이죠. 이주호 장관도 교육부장관이 되기 전에는 생각이 좀 달랐던 것으로 보입니다. 다양한 학교의 모델로 경기도 남한산초등학교, 이우학교 등을 언급했거든요. 지금 경기도 공교육 혁신의 모델이 된 학교들입니다. 그런데 결국 교육부장관이 되고서는 자사고가 곧 다양한 학교라는 식으로 왜곡된 다양화 정책을 폈습니다. 서열화를 전제하는 자사고가 다양화 정책의 핵심이 돼버린 것이죠.

김은남 이명박 정부의 교육정책 중 빼놓을 수 없는 것이 입학사정관제가 아닐까 합니다. 이 또한 다양화를 추구한다는 차원에서 도입된 제도였는데요. 결과적으로는 대입 전형 방식이 너무 다양해지고 말았죠. 대학 총장도 자기 대학 전형 방식을 다 모른다는 우스갯소리가 나돌 정도니까요.

김상곤 현재 대입 전형 방식만 3천2백 개에 달한다고 하니까요. 이게 대입 수험생이나 학부모들의 고통을 엄청나게 가중시켰죠.

김은남 단순히 성적만 보는 게 아니라 학생의 적성과 잠재력을 종합적으로 고려해 선발하는 제도라는 점에서 입학사정관제를 도입한 취지 자체에 대해서는 공감할 만한 부분도 있지 않을까요?

김상곤 그런 측면이 분명 있긴 하죠. 그렇지만 입학사정관제를 지나치게 급속도로 확대하면서 성과주의를 들이댄 부분에는 분명 문제가 있었다고 생각합니다. 사실상 경쟁을 시키듯 각 대학에 입학사정관제를 확대해나갔으니까요. 입학사정관제가 제대로 정착되려면 대학별로 경험이 풍부한 입학사정관이 배치돼 충분한 시간을 두고 학생들의 서류를 검토할 수 있어야 합니다. 당연히 예산이 많이 들 수밖에 없어요. 그런데 이를 감당할 수 있는 대학이 얼마나 되겠습니까? 정부의 지원 예산이 끊기는 순간 입학사정관제는 표류하게 되어 있어요. 현재도 입학사정관의 70%가 계약직이나 비정규직 형태로 고용돼 있다고 하지 않습니까? 대학들이 이들의 전문성을 계속 길러낼 수 있을지, 우려되는 부분입니다.

김은남 이명박 정부에서 도입한 이른바 '일제고사'에 대해서도 묻지 않을 수 없습니다. 정식 명칭은 전국 단위 학업 성취도 평가였죠. 이로 인해 많은 교사가 해직되는 등 고초를 겪었고, 교육감님도 전수식 일제고사에 대해 강경한 반대 입장을 여러 차례 표명하면서 정부 방침에 저항한 것으로 알고 있습니다. 이명박 정부는 왜 그토록 일제고사에 집착했던 걸까요?

김상곤 일제고사를 도입하면서 내건 취지 자체는 학생들의 기초학력 수준을 파악해 이를 보완하겠다는 것이었습니다. 그런데 이런 긍정적 효과보다 부정적 효과가 훨씬 큰 것이 일제고사 방식이에요. 외국에서도 이 때문에 일제고사 방식을 잘 쓰지 않죠. 특히 한국처럼 줄 세우기 문화가 강한 나라에서는 일제고사를 통해 즉각적으로 학교 간 서열이 매겨질 수밖에 없는 만큼 학교마다 성적 올리기 경쟁이 가열되면서 일상의 교육 과정이 흐트러질 가능성이 높죠. 이런 우려 때문에 김대중 정부 들어 기존에 실시되던 일제고사 방식의 학업 성취도 검사 제도가 폐지되고, 대신 표집 방식의 검사 제도가 도입됐던 것이고요.

실제로 이명박 정부가 일제고사를 부활시킨 뒤 아이들을 밤늦게까지 학교에 붙들어놓고 시험 대비 문제집 풀기를 시키는 초등학교가 등장하는가 하면, 전북 임실군이 집단으로 성적을 조작했다는 사실이 밝혀져 사회적 충격을 주기도 했죠. 제가 일제고사와 관련해 갖고 있는 또 하나의 우려는 일제고사 성적이 교육력의 결과물이 아니라 양극화의 결과물이 될 가능성이 높다는 거예요. 교사들이 잘 가르쳐서 성적이 잘 나온다기보다 잘사는 동네일수록 좋은 성적, 못사는 동네일수록 나쁜 성적이 나올 가능성이 높다는 거죠. 그렇다면 이런 시험을 왜 치러야 하는 걸까요? 애초에 밝힌 대로 기초학력 미달 학생을 판별하려는 목적이라면 표집 방식으로도 충분하다고 봅니다.

김은남 경기도의 경우 일제고사 성적이 전국 하위권에 속하던데요.

김상곤 서울이나 경기도처럼 인구가 많은 지역은 일제고사 성적이 불리하게 나올 수밖에 없습니다. 경기도는 도농 격차가 매우 큰 지역이기도 합니다. 도시 안에서도 도심 공동화 지역은 학력 수준이 낮은 것으로 나옵니다. 게다가 제가 일제고사 성적을 올리라고 일선 학교나 교사들을 들볶을 리도 없지 않겠어요?(웃음)

저는 무엇보다 일제고사 방식으로 학력을 제대로 평가할 수 있는지에 대해 회의적입니다. 경기도의 경우 혁신교육지구 내 일부 지역에 협력교사(학습 보조교사)를 배치하고 있습니다. 보조교사가 학습이 부진한 학생들을 돌볼 수 있게끔 한 반에 두 명의 교사가 들어가는 것이죠. 이런 방식으로 혁신교육을 강화하면 전반적인 기초학력을 끌어올리는 것은 물론 종합적인 학력 또한 개선해나갈 수 있을 거라고 봅니다.

김은남 일제고사뿐 아니라 교육부가 매년 실시하는 시·도 교육청 평가에서도 경기도교육청은 지난 몇 년간 최하위권을 벗어나지 못하고 있습니다. 왜일까요?

김상곤 원래 평가라는 게 평가하는 입장과 평가받는 입장이 다른 법이니, 기본적으로는 결과 앞에 겸허해야 한다고 생각합니다. 그렇지만 교육부의 평가기준을 보면 동의하기 어려운 부분이 많아요. 가장 큰 문제는 정부가 교육의 분권화와 자율화를 강조하면서도 평가의 기본 방향을 '국정과제 위주 평가'로 명시하고 있다는 것입니다. 이건 한마디로 자기모순이죠. 이렇게 시·도 교육청의 특색이나 성과보다는 정부시책 위주로 평가를 내리다 보니, 자율과 자치를 중시하는 교육청이 좋은 평가를 받기란 당연히 어렵습니다. 2012년부터는 교육부가 5단계로 등급을 나눠 17개 교육청을 평가하고 있는데, 그 결과를 보면 도 단위에서는 전남·전북·경기·강원이 '매우 미흡' 평가를 받았고, 시 단위에서는 광주와 서울이 '매우 미흡' 평가를 받은 것으로 나옵니다.

김은남 흥미롭네요. '매우 미흡' 평가를 받은 6개 지역 모두 공교롭게도 이른바 진보 교육감이 있는 또는 있었던(서울) 곳이군요. 결국 교육부 말을 잘 듣지 않으면 좋은 평가를 받기 어려운 구조라는 건가요?

김상곤 글쎄요. 그건 제가 뭐라 말하기 어렵고, 어쨌든 교육부 평가기준 자체가 이처럼 객관성과 합리성을 의심받다 보니 그 결과에 동의하기도 쉽지 않다는 얘깁니다. 교육의 질이나 내용보다는 단순한 수치 중심으로 정량 위주 평가를 하고 있으니까요. 어쩌면 이런 평가 방식이 서열과 경쟁만을 강조하는 우리 교육체제와 묘하게 닮았다는 생각도 들고요.

더 큰 문제는 교육부가 이 같은 평가 결과에 따라 교육청별로 특별교부금을 차등 지원한다는 사실입니다. 2011년 특별교부금 배부 현황을 보면 학생 수 30만 명인 충남이 130억 원을 받은 데 반해 학생 수 190만 명인 경기도는 16억 원을 받는 데 그쳤어요. 차등 지원의 폭이 지나치게 큰 거죠.

김은남 결론적으로 이명박 정부의 교육정책은 사실상 낙제점이었다, 이렇게 평가하시는 겁니까?

김상곤 잘한 점도 있습니다. 저는 이명박 정부가 특성화고를 지정해 집중적인 지원을 하고 마이스터고 제도를 만들어 선취업·후진학 원칙을 강화한 것은 나름 의미 있는 정책이라고 봅니다. 각종 경시대회 수상자 특별 전형이나 변칙적인 구술 면접을 금지하는 등 특목고 입시 제도를 손질함으로써 경쟁을 완화시킨 것 또한 평가할 만합니다. 그럼에도 특목고가 그대로 살아남았으니 근본적인 변화가 있었던 것은 아니지만, 임기 중 특목고 수를 특별히 늘리지 않은 것만으로도 다행이라고 생각합니다.

박근혜 시대는 좀 나아질까

김은남 이명박 정부 시절 교육정책이 워낙 많은 파행을 겪다 보니 박근혜 정부 들어 어느 정도 바로잡지 않을까 하는 기대가 있었습니다. 박근혜 대통령은 대선 공약으로 선행학습 금지, 공교육 정상화, 대입제도 간소화 등을 내걸기도 했죠.

김상곤 교육 공약 자체는 기대를 걸 만한 부분이 많았다고 봅니다. 박근혜 대통령은 '꿈과 끼를 살리는 교육'을 하겠다면서 진로교육을 강화하겠다고 했고, 교육복지 분야에서도 고교 무상교육을 위한 교육기본법을 제정하겠다거나, 초등학교 돌봄교실과 방과후 학교를 무상으로 지원하겠다는 등의 공약을 제시했죠. 대입제도를 간소화해 사교육 부담을 줄이겠다고도 했고요. 초등학교 일제고사도 폐지하겠다는 방침을 밝혔습니다.

김은남 이런 공약들이 어느 정도 지켜진다고 보시나요?

김상곤 아직 판단하기에는 좀 이릅니다만 집권 1년도 채 되지 않아 이 정부에 걸었던 기대들이 대체로 무산되는 상황 아닌가 싶어요.

김은남 기대가 무산되다니 무슨 말씀이죠?

김상곤 지난 국정감사 때 교육부가 제출한 '박근혜 대통령 교육 분야 공약사항 이행계획'을 보면, 초·중등 분야 공약 21개 중 8개 공약과 관련한 예산이 2014년도에 아예 책정되지 않거나 대폭 축소된 것으로 나와요. 특히 초등학교 돌봄교실이나 방과후 학교 무상지원, 고등학교 무상교육의 단계적 실시 등 핵심 정책과 관련해서는 예산이 전혀 책정되지 않거나 전액 미반영된 것으로 나옵니다. 학급당 학생 수를 OECD 평균 수준으로 줄여 교육의 질을 높이겠다는 공약도 있었는데, 이와 관련된 예산도 전혀 책정되지 않았습니다.

김은남 지난 연말 교육청 월례조회에서 현 정부를 향해 '참 걱정스러운 정부'라고 작심한 듯 쓴소리를 던지셨던데요. 이런 상황 때문에 그런 얘기를 하신 겁니까?

김상곤 박근혜 정부가 핵심적으로 제시한 공약들이 후퇴나 퇴행 가능성을 넘어 사실상 파기 수준에 이르렀다고 판단했으니까요. 더욱이 고용률 목표를 달성하겠다고 정규직 시간선택제 교사 제도를 도입하겠다고 하질 않나, 한국사 교과서 7종에 대해 전례 없이 수정 명령을 내리질 않나, 집권 1년 만에 일방적인 정책들을 무리하게 밀어붙이기 식으로 추진하면서 교육 현장을 혼란에 빠뜨리고 있는 것에 대해 한 마디 짚고 넘어갈 필요를 느꼈습니다.

김은남 공약 사항들의 경우 결국 재정 문제 때문에 그렇게 된 것 아니겠습니까? 교육 공약뿐 아니라 다른 복지 공약들도 후퇴를 거듭하고 있으니까요.

김상곤 물론 재정적인 여건에 문제가 있는 것은 사실이죠. 그렇지만 저는 이것이 과연 재정 구조만의 문제일까 하는 생각을 하게 됩니다.

김은남 그건 또 무슨 말씀인가요?

김상곤 이건 재정만의 문제가 아니라 이 정권의 원천적 한계가 아닐까 하는 생각이 든다는 겁니다. 재정 우선순위를 어디에 둘 것이냐는 결국 정권 차원의 의지 문제이기도 하니까요. 선거 과정에서 표를 의식해 이런저런 공약과 정책을 만들긴 했지만 결국 정치권력 집단의 성격이나 성향상 이를 해내지 못하는 부분이 있는 것은 아닌가 하는 생각을 요즘 들어 하게 됩니다. 박근혜 정부가 집권 1년차에 내놓은 대입 개선안이나 자사고 관련 개선안을 보면서 더 그런 생각을 하게 됐어요.

김은남 하나씩 짚어보죠. 박근혜 정부가 2013년 8월 이른바 '일반고 역량강화안'을 시안 형태로 발표했습니다. 이중에서도 특히 눈길을 끈 것이 자사고 전형 시 성적 제한을 철폐한다는 안이었습니다. 서울의 경우 기존에는 중학교 내신 50% 범위 안에 드는 학생 중 추첨을 통해 자사고 입학생을 선발했는데, 이런 제한 없이 추첨만으로 입학생을 선발한다는 거였죠. 그런데 그로부터 두 달 뒤 교육부가 다시 발표한 확정안에서 반전이 일어납니다. 성적 제한을 없앤 대신 전형 방식을 두 단계로 나눈 거죠. 곧 1단계에서 성적과 관계 없이 추첨을 통해 1.5배수에 해당하는 학생을 뽑는 대신 2단계에서는 면접으로 최종 합격자를 가려 뽑게 했습니다. 이런 최종안이 발표됐을 때 김상곤 교육감께서 공개적으로 반발을 하셨죠?

김상곤 그런 식으로 일반고의 역량을 강화한다는 것은 허구라고 보았기 때문입니다. '일반고 살리기'가 아닌 '자사고 살리기' 정책이라고나 할까요?

김은남 개선안이 왜 자사고 살리기로 이어진다는 거죠?

김상곤 면접 전형이란 게 결국 우수 학생을 선발하기 위한 도구로 사용될 가능성이 높으니까요. 저는 이 정부가 초창기만 해도 자사고의 폐해를 어느 정도는 이해하고 있었다고 봅니다. 통계만 봐도 알 수 있죠. 서울대가 '수시 우선 선발제도'를 도입한 2005년 이후 2012년까지 이 제도를 통해 입학한 학생 425명의 분포를 따져보면 이른바 특목고 출신이 58.9%(249명)이고, 자사고 출신이 18.6%(79명)예요.

반면 일반고 출신은 19.5%에 불과하죠. 현재 전체 고등학교 학생의 72%가 일반고 학생인데도, 사실상 일반고가 특목고와 자사고의 들러리를 서고 있는 셈이에요. 이래서야 공교육이 정상화될 수 없죠. 그래서 이 정부도 처음에는 자사고를 단계적으로 일반고화하겠다는 의지를 갖고 일반고 역량 강화 방안을 발표했을 거라 봅니다. 그런데 결국 자사고의 반발을 핑계로 거의 원점으로 돌아가고 말았어요. 보통 학생들의 일반학교가 살아나야 한다는 인식의 절박성이 있었는지조차 의문입니다.

김은남 사실 일반고 역량 강화 시안이 발표됐을 때만 해도 자사고들이 '이건 자사고를 폐지하라는 것과 다름없는 안이다'라며 극력 반발했었죠. 그런데 최종안이 나온 뒤로는 이런 시위나 반발이 거짓말처럼 사라졌습니다.

김상곤 그분들로서야 불리할 이유가 없다고 본 것이겠죠. 전형 방식도 그렇지만 자사고 선발 시기도 지금처럼 전기로 유지하기로 했잖아요? 이는 결국 현재의 불공정한 고입 전형 구조를 그대로 가져가겠다는 얘기거든요. 영재학교·특목고·자사고·특성화고에서 학생들을 다 걸러가고 남은 학생들을 일반고가 받아내는 게 현재의 고입 전형 구조잖아요. 이래서야 일반고를 살릴 수가 없죠. 자사고 국·영·수 시수를 교육 과정 총론의 50% 이내로 묶어야 한다는 지적도 교육부는 받아들이지 않았어요. 이런 제약이 없으면 자사고들이 입시 위주 교육 과정을 지금보다 더 심하게 운영할 우려가 큰데도 교육 과정의 자율성을 보장한다는 미명 아래 제약을 다 풀어준 거죠. 게다가 박근혜 정부가 발표한 2017학년도 대입 제도 개선안을 봐도 특목고나 자사고생에게 특별히 불리할 요소가 없으니, 그분들이 안심해도 되겠다는 사인을 받은 거죠.

김은남 자사고 문제로 한바탕 소동이 벌어진 뒤 12월에 자사고 신입생 원서접수가 마감됐습니다. 그런데 결과를 보니 서울 지역의 평균 경쟁률이 1.58 대 1로 그 전해보다 오히려 높아졌어요(2012년은 1.48 대 1). 인기 있는 학교로의 쏠림 현상도 더 심해졌고요.

김상곤 2013년 10월 말, 원래 안에서 한참 후퇴한 정부의 일반고 역량 강화 최종안이 나왔을 때 이미 예견된 일이었죠. 당시 제가 여러 자리에서 이런 정책으로는 "앞으로 자사고 등에 대한 선호도가 더 높아지면서 지원율도 올라갈 것이다"라고 우려 섞인 전망을 했는데, 결국 그렇게 되고 말았습니다.

김은남 결국 자사고의 폐해를 바로잡겠다던 정부가 오히려 자사고 입지를 강화시키는 쪽으로 입장을 선회했다는 말씀인데, 이유가 뭘까요? 자사고 관련자들의 로비가 그만큼 막강했던 것일까요, 아니면 정책적 실수일까요?

김상곤 저는 그보다 박근혜 정부가 자사고에 대한 명확한 입장을 갖지 못했던 건 아닌가 하는 생각이 듭니다. 일반고 슬럼화와 공교육 붕괴에 대한 현 정부의 위기의식이 그만큼 절박하지 않다는 방증일 수도 있겠죠. 일반고가 슬럼화로 치닫는 가속도는 무서울 지경입니다. 이런 상황에서 저는 특목고나 자사고 문제를 연계시키지 않고는 일반고 슬럼화 문제를 풀 해법이 없다고 생각합니다. 일반고가 학교 수로는 66%가 넘고 학생 수로도 72%에 육박합니다. 그런데도 지금껏 정부가 보여준 모습은 소수 학생과 학부모의 집단적 이해관계 때문에 이들 65%의 슬럼화에 눈을 질끈 감는 형국이에요. 제게는 이것이 굉장히 위태롭게 여겨집니다.

김은남 특목고와 자사고를 그대로 두고서는 일반고 슬럼화 문제를 해결할 수 없다고 말씀하셨는데, 이들 학교를 어떻게 해야 한다고 생각하시는 건가요?

김상곤 일단 특목고 같은 경우 재조정이 필요하다고 생각합니다. 현재 특목고 중에서도 외고들의 경우 여전히 입시 준비학교인 양 운영되는 경향이 강한데, 이런 궤도 이탈을 벗어나 전문 분야 인재를 양성한다는 애초의 설립 목적에 맞게 정당하게 운용되는지 엄격한 감시가 필요하다고 생각합니다. 특히 외고의 경우는 설립 목적에 맞게 운용된다 할지라도 그 수가 너무 많다는 판단이 듭니다. 경기도나 전국적으로나 마찬가지예요. 그런 만큼 일차적으로는 외고 숫자를 조정할 필요가 있다고 보고요. 궁극적으로는 외고를 꼭 특목고 형태로 운영해야 하는지에 대해서도 문제의식을 갖고 있습니다. 자사고의 경우는 처음부터 불필요한 방식이었다고 생각합니다. 이미 말씀드린 대로 자사고가 과연 애초 취지대로 자율성을 갖고 교육 과정을 운영해나갈 수 있을 것인가도 회의적이고, 나아가서는 자사고가 하나의 고교 유형으로 굳어지면서 서열화를 주도할 수 있다는 이유에서 반대합니다.

김은남 경기도 같은 경우는 특목고나 자사고를 어떻게 운영하고 있나요?

김상곤 제가 교육감으로 부임한 뒤 보니 전임 교육감이 국제고 두 곳을 인가한 상태더라고요. 이들 학교를 인가할 것이냐 말 것이냐 처음에는 말이 많았는데, 관련 서류를 꼼꼼히 살펴보니 이미 승인 요건을 모두 갖춘 상태여서 두 학교에 대해서는 최종 인가를 내줬습니다. 그밖에 새로 인가를 내준 특목고는 없습니다. 자사고는 원래 한 곳이었다가 용인외고가 특목고에서 자사고로 전환해서 현재 2개 학교가 있습니다. 자사고 신청 시 재단 출연금 비중을 기존의 3%에서 5%로 올리는 등 요건을 까다롭게 했더니 신청하는 학교가 거의 없던데요(웃음).

김은남 이번엔 대학입시안으로 넘어가겠습니다. 현재 대학입시 전형안이 3천2백 개나 된다고 하는데, 이를 간소화해 학생과 학부모의 부담을 줄이고 사교육비도 잡겠다는 것이 박근혜 정부의 기본 입장이었습니다. 그런데 2013년 10월 정부가 발표한 대입제도 개편안에 대해 김상곤 교육감께서 굉장히 비판적인 입장을 밝히셨어요.

김상곤 본래 취지를 거의 살리지 못했다는 판단이 들어서 그랬습니다. 박근혜 대통령이 본래 대입 제도를 간소화하겠다면서 '정시는 수능 중심, 수시는 학생부 중심'으로 하겠다고 했죠. 그런데 교육부 발표안에는 이게 제대로 관철되지 않았어요. 기존 대입 제도와 달라진 바가 거의 없는데다 여기에 한국사가 수능 필수 과목으로 새로 지정되면서 학생들의 부담만 오히려 더 커진 셈이라 할까요?

그간 경기도교육청이 주장한 것이 특기자 전형이나 논술 전형, 적성고사 및 구술형 면접고사는 폐지하고, 대신 학생들의 학생부를 중시하는 학생부 종합전형으로 전환하라는 거였습니다. 학생부 중심의 평가가 이루어지지 않으면 공교육이 왜곡되고 사교육이 창궐할 수밖에 없으니까요. 그런데 결과는 특기자 전형이며 논술·적성·면접고사 모두 그대로 살아남았어요. 특히 특기자 전형의 경우 공인 어학성적이나 올림피아드 수상 실적 같은 외부 스펙을 요구하는 만큼 이를 그대로 놔두면 정상적인 학교 교육 과정을 어지럽힐 수밖에 없어요. 그래서 특기자 전형을 따로 구분할 게 아니라 학생부 종합전형으로 흡수해야 한다고 주장했던 건데, 교육부는 '불가피한 경우 시행하되 축소를 유도한다'는 식으로 비껴갔죠.

논술이나 적성·면접고사도 마찬가지예요. '가급적 시행을 금지' 하라거나 '지양'하라는 단서가 붙었지만 결국 모두 허용했습니다. 이래서야 공교육을 살리겠다는 정부의 의지를 의심할 수밖에 없는 거죠.

김은남 대입 개선안에 대한 경기도교육청의 입장을 밝히셨다 했는데, 사실 교육감은 초·중등 교육을 책임지는 자리잖아요. 대입 제도에 대해 언급한다는 건 일종의 월권 아닌가요?

김상곤 대학입시가 초·중·고 학생들은 물론 교육 과정에도 영향을 미치게 되니 당연히 관심을 가질 수밖에 없다고 생각합니다. 특히 대입 제도가 과거로 퇴행하면 공교육 전반이 후퇴할 수밖에 없으니까요. 저는 궁극적으로 수학능력시험은 대학 입학 자격고사처럼 운영하고, 대입 전형은 학생부 중심으로 이루어지는 방향으로 대학입시가 개편돼야 한다고 생각합니다. 대학 또한 국공립 비중을 높이고 서열화를 해체하는 방향으로 재편돼야 한다고 보고요. 이와 관련된 자세한 내용은 나중에 다시 말씀드리겠습니다(185쪽 이하 참조).

김은남 말씀하신 대로 한국사가 수능 과목에 새롭게 포함되었는데요. 역사에 대한 이 정부의 관심은 유별난 것 같습니다. 역사에 대한 관심 자체를 문제 삼을 일은 아니지만, 최근 교학사 역사 교과서 파동

연합뉴스

2013년 9월 12일 친일·독재미화 뉴라이트교과서 무효화 국민네트워크 회원이 정부 서울청사 정문 앞에서 교학사 한국사 교과서 무효화 촉구 기자회견을 마친 뒤 퍼포먼스용으로 제작된 한국사 교과서를 정리하고 있다.

에서 불거졌듯 정권이 나서서 일방의 역사관을 주입하려는 듯한 태도가 문제인 것 같습니다. 돌이켜보면 이명박 정부 때도 금성출판사에서 나온 역사 교과서를 둘러싸고 이른바 좌편향 논쟁이 불거졌는데, 왜 이런 일이 반복된다고 보시나요?

김상곤 보수 세력이 본인들의 공간을 확장하면서 여기에 만족하지 않고 자라나는 학생들의 교과서 문제에까지 직접적으로 개입하려 든 것이 문제의 발단이겠죠. 한국뿐 아니라 세계사를 봐도 극우·극좌가 판을 칠 때 꼭 역사 문제가 등장합니다. 극우나 극좌나 정통성에 대한 자기 불안이 있다 보니 역사 문제에 집착하게 되고, 이것이 역사 교과서 문제 등으로 불거지게 되는 것이죠. 일본의 경우만 봐도 최근 극우주의자들이 나름 설 자리를 찾으면서 역사 교과서 논쟁을 불러일으키지 않았습니까? 한국도 마찬가지라고 봅니다. 그간 우리 사회가 민주화를 겪으며 극우가 설 자리는 거의 없어졌다고 여겼는데, 이들이 다시 자기 공간을 마련할 여지가 생기면서 일부러 역사 교과서 분쟁을 불러일으키는 측면도 있는 것 같아요.

그런데 이명박 정부 때만 해도 기존 교과서를 비판하는 선에서 문제 제기를 하는 정도였다면, 현 정부 들어서는 새로운 대안 교과서를 제시하는 수준으로까지 한 단계 나아갔다는 것이 차이라고나 할까요? 문제는 그렇게 내놓은 교과서가 국민감정이나 시대정신에 맞지 않는 측면이 있다는 것이죠. 식민지 시기를 미화한다거나 현대사를 오해받을 정도로 왜곡한다면 당연히 여론의 저항을 부를 수밖에 없지 않겠어요?

김은남 그러나 보수 세력은 역사를 보는 시각 자체가 다른 것뿐이라고 주장합니다. 검인정 교과서라는 제도 자체가 보다 다양한 접근방식을 허용하는 제도이기도 하고요.

김상곤 당연히 다양한 시각과 접근방법은 존중해야죠. 그러나 비역사적이고 비사실적인 내용을 삽입하거나 중요한 내용을 의도적으로 누락하는 것은 역사 교육의 근간을 흔드는 매우 위험한 행위라고 생각합니다. 친일파 청산, 5·18 민주화운동, 6월 민주항쟁 등 역사적 사실에 대한 판단과 해석은 역사학계와 역사 교육계가 합의한 의견을 따르면 됩니다. 이걸 정치적 잣대로 재단하는 것은 참으로 불행한 일이죠. 정권이 교체될 때마다 정권의 입맛에 맞는 교육 과정과 교과서를 만드는 것은, 우리 스스로 헌법적 가치를 훼손하는 어리석은 행위이기도 합니다.

김은남 일부 학교의 경우 교학사 교과서를 한국사 교과서로 채택하게끔 교장이 압력을 넣어 갈등이 일고 있다는 보도가 나오기도 했는데요. 교육감 입장에서는 이런 일이 벌어졌을 때 어떻게 대응하실 계획입니까?

김상곤 일선 학교의 경우 교사들이 3배수로 해당 과목 교재를 추린 다음, 학교운영위원회를 거쳐 학교장이 이중 한 권을 최종 채택하게끔 되어 있기에 교육감이 개입할 여지는 별로 없습니다. 일선 교사들이 현명한 선택을 하시리라 믿습니다. 저는 무엇보다 교육 당국이 선생님들의 상식을 믿어주었으면 합니다. 학생들을 좌편향시키려고 교과서를 선정하는 선생님은 없습니다. 상식선에서 우리나라의 과거·현재·미래를 생각하며 교과서를 고릅니다.

이명박 정권 때도 전교조(전국교직원노동조합) 교사가 많은 학교가 금성교과서를 주로 채택한다는 등 이런저런 구설이 많았죠. 그런데 실제로 확인해보니 전교조 비율이 가장 낮은 지역인 대전에서 금성교과서 채택 비율이 61.6%로 가장 높게 나타나고, 전교조 비율이 가장 높은 광주·전남 지역에서 상대적으로 금성교과서 채택 비율이 낮게 나오지 않았습니까? 그건 금성교과서가 좌편향 교과서여서가 아니라 가장 볼 만한 교과서였기에 채택된 것이라는 반증 아닐까요?

김은남 전교조와 이 정부의 관계는 처음부터 심상치 않습니다. 전교조가 법외노조임을 통보한 고용부 방침에 대해 법원이 효력 정지 가처분 결정을 내리긴 했습니다만, 불씨는 여전합니다.

김상곤 그나마 사법부 덕분에 숨을 좀 쉴 수 있게 됐습니다. 고용부가 전교조에 법외노조임을 통보한 뒤 교육부로부터 이미 노조 전임자를 복귀시키고 일체의 지원을 중단하라는 지시가 내려온 상황이었습니다. 그런 만큼 가처분이 받아들여지지 않았다면 저로서도 고민이 많았을 것 같습니다. 특히 복귀를 거부하는 노조원이 있을 경우 교육청으로서도 규정에 따라 할 수 있는 최소한의 조처는 했어야 할 테니까요. 본안 판결에서도 좋은 결과가 있기를 기대합니다만 여러모로 안타깝습니다. 교육과 관련된 사안을 사법부가 판단한다는 게 바람직하지도 않거니와, 기본적으로 해직교사 등 일부 조합원의 자격을 이유로 전교조를 법외노조화하는 것은 국제법상으로나 국내 헌법정신으로나 맞지 않다고 봅니다. 그동안 많은 노조들이 해고 조합원을 포용해왔습니다. 이제까지 인정해오던 것을 유독 전교조에 대해서만 법외노조 운운하며 문제 삼는 데는 정략적 의도가 숨어 있는 게 아니냐는 의구심을 버릴 수가 없습니다.

김은남 처음 당선됐을 때 '전교조 교육감'이란 얘기도 많이 들으셨죠. 그런데 지난 5년을 돌이켜보면 전교조로부터 비판도 많이 받으셨던 것 같습니다. 김상곤 교육감의 경우 교원평가제에 찬성한다는 입장을 처음부터 밝히셨죠?

김상곤 교원평가제에 대해서는 전교조가 강력히 반대했지만 저는 기본적인 평가는 이뤄져야 한다는 생각이었습니다. 다만 평가방식이 좀 바뀌어야 한다는 생각을 하고 있었죠. 요즘 보면 전교조도 교원평가제에 대해 더 이상 적극적으로 반대 목소리를 내는 것 같지는 않습니다. 관망하는 상황이랄까요.

김은남 혁신학교에 대해서도 초창기엔 전교조가 '교육 문제의 본질을 외면한 개량주의적 접근'이라며 비판했던 것으로 기억합니다.

김상곤 처음엔 그랬죠. 그래도 지금은 전교조가 혁신학교를 적극 지원하고 있습니다(웃음).

김은남 그래서인지 요즘엔 혁신학교를 '전교조 소굴'이라고 비판하는 사람들도 있는 것 같습니다. 혁신학교의 전교조 교사 비율이 일반 학교에 비해 훨씬 높다는 건데요.

김상곤 서울이나 다른 지역은 어떤지 모르겠으나 경기도 혁신학교의 경우 교총(한국교원총연합회) 교사가 30~40%, 전교조 교사가 14% 가량 돼요. 일반학교나 혁신학교나 교총 대 전교조 교사 비율이 비슷비슷하죠. 처음에는 전교조 교사 비율이 조금 높은 편이었으나 혁신학교에 대한 인식이 확산되면서 교총 교사가 참여하는 비율이 많이 늘었어요. 제가 교총과 함께 회의를 해보면 이분들도 혁신학교나 혁신교육을 지지한다는 얘기들을 많이 하세요. 무상급식 정책 등에 대해서도 적극 찬성하고요. 다만 학생인권조례를 놓고는 교직 단체 간에 조금 입장 차가 있었죠.

김은남 전교조가 한때는 교육 개혁에 굉장히 중요한 역할을 했지만 최근 들어서는 주목할 만한 의제를 내놓지 못한 채 이익집단화했다는 비판도 있어요.

김상곤 1989년 전교조가 만들어진 목적 자체가 교육 문제를 개선하기 위한 것이었잖아요. 촌지 없애기 운동도 전교조가 앞장선 것이었고요. 당시의 취지와 정신에는 아마도 거의 모든 분들이 동의할 거라 봅니다. 다만 한쪽에서 과도한 정치 투쟁이나 조합주의적인 관점을 내세우면서 초기 정신을 놓쳤다는 비판도 많이 제기됐죠. 그러면서 선거 때마다 반전교조 정서를 이용하는 세력이 생겨났고요.

김은남 지난 2012년 서울시 교육감 재선거에서도 그것이 분명하게 재연됐죠. 당시 전교조 위원장 출신인 이수호 후보가 교육부장관을 지낸 문용린 후보에게 꽤 큰 표 차로 패했는데요. 이수호 후보가 패한 데는 곽노현 전 교육감이 낙마한 데 따른 진보 성향 유권자들의 실망감도 작용했겠지만, 전교조 출신 후보라는 데 대한 거부감 또한 작용하지 않았겠냐는 분석이 많았어요. 아마 2014년 교육감 선거에서도 '친전교조 대 반전교조'라는 프레임이 다시금 작동할 가능성이 높은데, 김 교육감 스스로는 '친전교조 교육감'이라 불리는 것에 대해 어떻게 생각하세요?

김상곤 글쎄요. 저는 비판적 지지에 더 가까운 것 같은데(웃음). 저는 전교조가 교육 개혁에 대해 갖고 있는 생각과 열정은 존중합니다. 전교조가 교총, 한교조(한국교원노동조합)와 더불어 또 하나의 중요한 교원단체로서 자기 역할을 해주길 바란다는 점에서는 전교조 친화적이라고도 말할 수 있겠죠. 그렇지만 전교조가 과도한 정치 투쟁이나 조합주의로 흐르는 것에 대해서는 반대합니다. 물론 행정을 맡은 사람과 노동운동이나 교육운동에 참여하는 사람의 입장이 완전히 같을 수는 없겠지만, 저는 전교조가 좀 더 국민적 정서를 헤아리는 쪽으로 나아가야 한다고 봅니다. 그런 면에서 현 정부의 대응이 더 안타까운 측면이 있습니다. 그냥 여론이 판단하게 하면 될 것을, 전교조 법외노조화에 무엇 때문에 저렇게 정색을 하고 달려드는지 모르겠어요.

김은남 지난 2010년 전국 교육감 선거에서 이른바 진보 교육감이 대거 당선되면서 화제를 모았죠. 이분들이 최근 다시 화제가 된 일이 있었어요. 지난 연말부터 이른바 '안녕들 하십니까' 대자보 대열에 중고등학생들이 합류하자 교육부가 이를 지도하라는 지침을 내렸죠. 그런데 김상곤 교육감을 비롯해 광주·강원·전남·전북 교육감 등이 대자보를 규제하지 않겠다고 다른 목소리를 냈어요.

김상곤 현실 사회 자체가 학생들의 학습장이고, 아이들도 현실 사회 일원으로서 언제든 자기 목소리를 낼 수 있는 거니까요. 학생들의 표현의 자유를 보장한다는 취지에서 이를 규제하는 것은 바람직하지 않다고 다들 판단하신 거겠죠.

김은남 사전에 미리 논의를 하신 건가요?

김상곤 논의라기보다 중요한 현안, 이를테면 학교 폭력 학생부 기재 문제라거나 전교조 법외노조화 문제 같은 게 발생하면 교육청 스태프끼리 서로 통화하면서 소통을 시도하는 정도라고 이해하시면 됩니다. 필요하다고 판단되면 공동 성명을 내기도 하죠. 그렇지만 기본적으로 진보 교육감만의 목소리를 너무 자주 내는 것은 바람직하지 않다고 생각하고 있습니다. 그보다 가능한 한 전체 시·도 교육감의 목소리를 모으려 노력하죠.

김은남 진보 교육감끼리 정기적으로 만나시지는 않나요?

김상곤 서로 바쁘다 보니 자주 보지는 못합니다. 초창기만 해도 따로 자리를 마련해서 만나기도 했는데 지금은 사안이 있을 때 만나거나 시·도 교육감협의회가 있을 때 잠시 얼굴 보는 정도예요.

김은남 진보 교육감들이 한꺼번에 당선될 때는 사회적 기대치가 높았던 것 같습니다. 그러나 4년이 지난 지금, 진보 교육감들이 기대만큼 결과치를 내놓았는지에 대해서는 평가가 엇갈리는 듯합니다. 곽노현 전 서울교육감의 낙마나 장만채 전남교육감의 수뢰 의혹 등 진보 교육감을 둘러싼 불미스런 사건들도 있었고요.

김상곤 안타깝고 송구한 마음입니다. 그럼에도 진보 교육감 지역에서 새로운 학교 모습을 만들려 애쓰고 있으며, 이것이 나름 정착돼가고 있다는 것은 중요한 성과라고 생각합니다. 다만 학부모나 국민들의 눈높이에서 봤을 때는 아직 미흡한 부분이 많을 것입니다. 변화와 혁신을 위한 우리들의 노력이 아직 부족한 부분도 있을 거고요. 특히 서울 같은 경우 곽노현 전 교육감 낙마 이후 혁신학교 예산이 대폭 줄고 혁신학교로 지정됐던 학교들도 휘청거리는 등 큰 혼란을 겪고 있습니다. 그럼에도 지켜봐달라는 말씀을 드릴 수밖에 없을 것 같습니다. 경기도 혁신학교에 대해서도 초반에는 '학교를 둘러싼 거대한 구조가 바뀌지 않는데 뭐가 변하겠느냐'라는 부정적이고 소극적인 의견이 많았습니다. 그러나 2년 정도 지나면서 실질적인 변화가 나타나니 그제야 비로소 '이것이 하나의 길이 될 수 있겠구나'라는 쪽으로 생각이 바뀌었던 것 같습니다. 저는 이렇게 작은 실천과 성공 사례들이 쌓일 때 대학입시와 교육을 둘러싼 우리의 거대담론도 바뀔 수 있다고 생각합니다.

2
교육, 가능성을 말하다

너도나도 말했다. '교육은 끝났다'라고. 그런데 공교육에 대해서는 이런 말을 하는 사람조차 없었다. 공교육은 그저 조용히 망해가고 있었을 뿐이다.
김상곤 교육감의 '혁신교육' 실험은 그래서 놀라웠다. 폐교 직전의 작은 학교들에서 새로운 교육의 상상력을 수혈 받은 그는 혁신학교·무상급식·학생인권조례로 이어지는 3종 교육 패키지로 학교 현장은 물론 이 땅의 정치 지형까지 흔들어놓았다. 2부에서는 혁신교육 실험이 어디서 발원했는지, 그리고 어디로 흘러가고 있는지를 짚어보았다. 이는 우리 교육에 '핀란드 교육'을 능가하는 힘이 내재해 있음을 새롭게 확인하는 여정이기도 했다.

교사, 학부모, 학생이 모두 행복한 학교
-혁신학교

김은남 김상곤 하면 사람들이 떠올리는 3대 브랜드가 무상급식·혁신학교·학생인권조례일 것 같습니다. 교육감에 취임한 직후부터 이들 3대 의제로 경기도는 물론 전국을 들썩이게 만들었죠. 아마도 교육감 한 사람이 이 정도의 존재감을 발휘한 것은 한국 사회에서 전무후무한 일이 아니었나 싶기도 한데요. 언제부터 이들 의제를 준비하신 건가요?

김상곤 시민사회 추대에 의해 급작스럽게 교육감에 도전하게 된 만큼 처음부터 완성된 콘텐츠를 갖고 있었던 것은 아닙니다. 다만 학교의 현실과 여러 산적한 문제점을 풀기 위해 이런 방향으로 가야겠다, 라는 큰 그림만은 분명하게 머릿속에 그리고 있었죠. 이를테면 무상급식 같은 경우 보편적 방식으로 가야겠다는 큰 틀만 그려놓고 교육감에 당선된 뒤 최종적인 판단을 한 것입니다. 혁신학교나 학생인권조례도 마찬가집니다. 교육청에 들어간 뒤 추진위원회를 만들어 구체적인 윤곽을 잡아나갔죠.

김은남 일단 혁신학교 얘기부터 해보죠. 학부모 입장에서는 가장 많은 관심이 가는 게 혁신학교일 것 같습니다. 요즘 들어 핀란드 학교 등 북유럽 학교에 대한 관심이 높아지면서 경기도 혁신학교를 '한국의 핀란드형 학교', 혁신학교 학부모를 '스칸디 맘'이라 부르는 사람들도 있다고 들었습니다. 실제로 핀란드 학교를 참조해 혁신학교를 만든 건가요?

김상곤 그건 아닙니다. 해외의 교육 개혁 모델들을 참조해 혁신학교 구상을 다듬어나간 것은 사실이지만 그보다는 1990년대 후반 국내에서 벌어진 작은 학교 살리기 운동이 직접적인 모델이 됐다고 할 수 있습니다.

김은남 작은 학교 살리기 운동이라면?

김상곤 주로 농촌에서 시작된 운동인데요. 당시 농촌 지역 작은 학교들의 경우 학생 수가 줄어들어 폐교 위기에 처한 데가 많았습니다. 그런데 지역 주민과 교사들이 중심이 돼 학교를 지키자는 움직임이 일어난 거죠. 이를테면 경기도 광주의 남한산초등학교 같은 경우 인근 지역 시민단체에서 활동하던 주민들이 학생 수 감소로 학교가 폐교되는 것을 막기 위해 자기 자녀를 폐교 직전의 학교로 전학시키는 운동을 벌였어요. 그러면서 공교육 내에서 참된 교육을 펼치고 싶은 열정을 지니고 있던 교사들과 만나게 된 거죠.

김은남 듣고 보니 전북 완주 삼우초등학교나 부산 금정초등학교 같은 사례도 떠오르네요. 위기에 처한 학교를 주민과 교사들이 함께 살려낸 사례들이라 할 수 있죠.

김상곤 이런 학교들이 성공할 수 있었던 요인을 돌이켜보면 역설적으로 폐교 직전의 학교였기 때문이 아닐까 하는 생각도 듭니다. 교육청의 행정 영향에서 사실상 벗어난 학교들이다 보니 학부모와 교사들이 스스로 원하는 대로 교육 과정을 구성할 수 있었던 측면이 있거든요. 토론식 수업을 도입한다든가 하는 식으로 굉장히 다양한 교육적 실험도 할 수 있었고요. 이게 입소문이 나면서 한국의 교육 현실에 절망하고 있던 다른 학부모들도 이들 학교를 동경하게 된 거죠.

김은남 결국 위에서 개입을 안 하면 안 할수록 학교는 더 잘된다는 뜻이네요?(웃음)

김상곤 그렇다기보다 혁신학교 자체가 국가 주도형 학교 개혁 모델에 대한 대안으로서의 성격이 강하다고 이해하시면 될 것 같습니다. 기존에도 굉장히 많은 학교 개혁 모델이 있었죠. 보수 정권이건 진보 정권이건 일단 집권하고 나면 저마다 나름의 학교 개혁을 시도하려 했습니다. 그런데 기존 방식은 거개가 상층부에서 개혁 방향을 제시한 다음 이 방향대로 따라오면 돈과 인사 가산점을 주겠다는 식이었어요. 말 그대로 관이 주도한, 위로부터의 개혁 방식이었죠. 반면 혁신학교는 교사들이 자발적으로 학교를 변화시킨 아래로부터의 개혁 방식이라 할 만합니다. 교사들이 스스로 개혁 방향을 정하게 했다는 점에서도 기존 방식과 구별됩니다. 교사뿐 아니라 학부모와 지역사회도 이 과정에 참여했죠. 이렇게 교육 주체들이 머리를 맞대다 보면 학교의 문화가 바뀝니다. 일종의 집단지성이 형성된다고나 할까요? 이렇게 집단지성으로 학교를 운영하다 보면 수업 방식이나 교재를 바꾸는 것처럼 부분적인 접근이 아니라 우리 아이들이 몸담은 학교가 어떤 공간이어야 하는지에 대해서도 총체적이고도 전면적으로 접근하는 경험을 하게 되는 거죠.

김은남 그렇지만 경기도는 도농 복합 지역이잖아요. 농촌 지역 소규모 학교에서 성공한 모델을 도시 학교에 이식한다고 성공하리라는 보장은 없었을 텐데요?

김상곤 그래서 처음부터 단계적으로 접근하자고 생각했습니다. 혁신학교 초창기에는 어렵고 낙후된 지역에 속한 이른바 '기피학교'를 '선호학교'로 바꿔내는 데 초점을 맞췄습니다.

김은남 왜 낙후된 지역에 먼저 초점을 맞춘 거죠?

김상곤 낙후된 지역일수록 교사들이 얼마나 열정을 갖고 아이들을 챙

혁신학교인 고양시 덕양중학교의 도덕 수업시간. 덕양중 갈겨니반 학생들이 마이클 샌델의 〈정의란 무엇인가〉에 나오는 일화를 토대로 사회적 도덕관념에 관해 토론하고 있다.

기느냐에 따라 현저한 변화가 일어날 가능성이 높아지니까요. 선호학교라는 게 입시 성적이 좋은 학교를 말하는 게 아니에요. 독자적인 교육 과정을 통해 수업 면에서 일반 학교와는 질적으로 다른 학교, 그리하여 학생이나 학부모가 모두 신뢰하며 좋아할 수 있는 학교를 만들고자 한 것이죠. 그러면서 학급당 인원은 25명 안팎으로 줄였어요. 이래야 교사들이 학생 개개인에 집중하면서 결과적으로 더 질 높은 수업을 할 수 있으니까요. 제가 취임한 이듬해부터는 권역별로 이른바 거점학교를 지정했어요. 혁신학교의 성공 사례로 꼽히는 학교들을 거점학교로 지정해 이들 학교가 가까이에 위치한 다른 혁신학교를 지원하게끔 한 것이죠. 거점학교 시행 첫해인 2010년에는 보평초(성남), 덕양중(고양), 이우고(성남) 3개 학교가 거점학교로 지정됐는데 그로부터 4년이 지난 2013년에는 거점학교가 20개 학교로 늘어났어요. 그만큼 혁신학교 역량이 강화되고 혁신학교 운동도 확산된 거죠.

김은남 교육청이 아니라 학교가 학교를 지원하게 한다? 상당히 낯선 방식이네요.

김상곤 말씀드린 대로 혁신학교는 교사들의 자발성을 이끌어내는 것이 관건이니까요. 우리나라 교사들은 지적 수준이 높기 때문에 통제나 속박을 싫어하고, 본인의 능력을 자발적으로 발휘하려는 욕구가 강한 편입니다. 그런 만큼 이런 교사들이 마음을 열고 능력을 발휘할 수 있게끔 지원해주는 교육청의 역할이 중요하죠. 경기도교육청의 경우 지원 방향을 크게 두 가지로 잡았습니다.

첫째는, 교무 행정에서 교사를 자유롭게 해주자는 거였죠. 이른바 교원업무경감 사업인데요, 이건 단순히 교사들을 편하게 해주려는 사업이 아닙니다. 교사들이 하루 종일 공문 처리에 매달려 있어서야 아이들이나 수업에 집중할 수 있겠습니까? 이걸 정상화하자는 거였죠.

두 번째로는, 교사들이 전문성과 혁신 마인드를 갖출 수 있게끔 다양한 연수 프로그램을 만들자는 것이었습니다. 이름하여 혁신교육형 교사 연수 프로그램(NTTP, New Teachers Training Program)인데, 그 일환으로 배움과 실천의 공동체, 연수원 학교, 학습연구년 같은 제도가 만들어졌습니다. 이들 프로그램은 상당 부분이 교사 간 상호 연수 시스템으로 되어 있다는 게 특징적이에요. 교육청에서 일방적으로 연수 프로그램을 조직하는 게 아니라 교사와 교사, 학교와 학교 간에 상호 연수를 받도록 한 것이죠.

한 예로 경기도는 2010년부터 '연수원 학교'라는 교사 연수 프로그램을 운영하고 있는데, 이건 말 그대로 학교가 연수원이 되는 방식입니다. 개별 학교가 가진 능력, 잠재력, 성공 사례 등을 하나의 연수 프로그램으로 구성해서 다른 학교에 제안하고 선택하게 하는 시스템이죠. 이렇게 교사들이 학교 담장을 넘어 다른 학교 교사들과 호흡을 함께할 때 교사 개개인의 전문성과 역량도 더 키워나갈 수 있다고 봅니다.

김은남 그렇지만 요즘은 교무실에서도 소통이 이루어지지 않는 경우가 많다고 하잖아요. 하다못해 교무회의도 생략한 채 메신저로 회의를 대체하는 학교도 있다고 들었습니다. 교장이나 교감이 부당한 지시를 하면 이를 따지고 들던 '벌떡 교사'도 갈수록 찾아보기 어렵다 하고요.

김상곤 그것은 개인주의적인 문화가 확산된 탓도 있겠지만 결국은 교단에 뿌리 깊게 박혀 있는 관료주의의 영향이 아닐까 싶어요. 교육의 핵심은 자율, 자주, 전문성이죠. 그런데 관료주의적 통치체제는 이를 강력하게 억압하니까요. 교사를 말단 관료처럼 취급하면, 교사 또한 위에서 내려온 지시를 수동적으로 전달하면서 자괴감을 느끼게 됩니다. 교사 사회도 겉돌게 되죠. 서로 이야기를 나눠봤자 문제를 해결할 수 없다는 생각이 들면 자꾸 대화가 단절되고 소통이 끊기게 되니까요. 이렇게 되면 부당한 현실에 문제 제기를 하던 교사들도 더는 불필요한 분란을 만들지 말라는 암묵적 강요 속에서 무참히 깨져 나가게 됩니다. 이런 교육 현실에 분노하던 신규 교사도 3~4년이 지나면 자연스럽게 입을 닫게 되고요.

김은남 혁신학교는 이런 '칸막이' 분위기가 덜하다는 말씀인가요?

김상곤 얼마 전 의정부에 있는 한 혁신 중학교를 찾아갔는데 부장교사 한 분이 "이 학교에 와서 교사로 사는 게 행복하다"고 말씀하더군요. 무슨 얘기냐고 물었더니 "이 학교에서는 관행처럼 위에서 뭔가가 떨어지는 일 없이 모든 일을 우리 스스로 의논하고 우리 스스로 결정한다. 그리고 그 결과가 학생들로부터 곧바로 피드백된다. 교사로서는 최고로 행복한 일을 하는 거다" 이렇게 답하시더군요. 저는 이처럼 교사가 교육자적 자존감으로 충만해야 학생들과 수업에 마음을 쏟게 된다고 생각합니다. 혁신학교는 교사들끼리 토론하고 협업하는 데도 아주 익숙해요. 교과통합 프로젝트를 추진한다거나 다른 학교 교사들까지 참여시켜 '제안 수업'을 한다거나 하면서요.

김은남 사실 자기 수업을 공개한다는 게 교사로서도 쉬운 일은 아닐 텐데요.

김상곤 그렇지만 혁신학교에서는 수업 공개가 기본입니다. 수업 공개를 하면 통상적으로 본인에게도 도움이 되고, 수업을 참관하러 온 분들도 보면서 느끼는 것이 있기 때문에 수업 공개가 주는 명확한 긍정적 효과가 있다고 봅니다. 단 수업 공개는 각 학교에서 자유롭게 하도록 하고 있습니다. 예전에는 수업 공개를 하면 점수화하는 시스템이었는데 혁신학교는 이를 점수로 환산하지 않습니다.

김은남 오늘날 학교 사회의 가장 큰 병폐 중 하나로 지적되는 것이 교사 본연의 역할에 충실한 교사, 곧 수업과 학생들에 집중하는 교사가 제대로 평가받지 못하는 구조라는 거죠. 교장이 되기 위해서는 일찌감치 승진을 위한 스펙 쌓기에 올인해야 한다는 것이 교직사회에 정설처럼 통하고 있습니다. 혁신학교는 이런 교사 평가 방식에서도 변화를 꾀한 건가요?

김상곤 최고의 교사는 수업 잘하는 교사, 학생들을 잘 돌보는 교사, 나아가 학생들이 가진 꿈과 희망을 성취할 수 있게끔 북돋워주는 교사여야겠죠. 그런데 이제까지는 이런 교사들이 제대로 평가받기 어려운 구조였던 것이 사실입니다. 이런 문제점을 보완하고자 경기도는 국가적으로 실시하는 근무평점·성과급 평가·교원능력 계발평가와는 별개로 학교별 자체 평가를 도입했습니다. 학습 과정이나 교수 과정, 학교 운영 과정에 교사들이 적극 참여할 수 있게 하면서 자기 효능감과 관련한 인센티브도 주고 있고요. 그렇지만 아직은 승진이나 전보와 관련된 실질적인 평가로까지 이어지진 못했습니다. 말씀드린 대로 국가적으로 실시해온 평가틀이 워낙 오래된 데다 기본적인 한계를 갖고 있어서입니다. 궁극적으로는 이런 틀을 수정하고 보완해갈 필요가 있다고 봅니다.

김은남 지금은 평교사가 교장이 되기도 힘든 구조죠?

김상곤 이 때문에 내부형 교장공모제를 활용하자는 얘기들이 나왔는데, 지금은 그것도 어려워졌죠(교장공모제는 공모 자격에 따라 크게 세 가지로 구분된다. 교장자격증이 있는 사람을 대상으로 한 '초빙형 교장공모제', 교장자격증 소지자 혹은 교장자격 미소지자도 공모 가능한 자율학교·자율형 공립고로 지정한 경우 경력 15년 이상의 평교원이 응모 가능한 '내부형 교장공모제', 교육계 바깥 사람에게도 문호를 개방한 '개방형 교장공모제'가 그것이다). 제가 교육감이 된 직후만 해도 교육청이 지정한 자율학교에서는 내부형 교장공모제를 채택할 수가 있었어요. 이 때문에 새로 혁신학교로 지정된 학교들을 자율학교로 지정하곤 했죠. 그 결과 작은 학교 출신 평교사들이 내부형 교장공모제를 통해 이들 학교 교장으로 선출되면서 혁신학교를 성공으로 이끈 사례들이 등장했습니다. 그런데 그 뒤 정부 규정이 바뀌었습니다. 학교를 새로 설립할 때는 자율학교로 지정할 수 없는 것으로요. 그러면서 내부형 교장공모제를 채택할 수 있는 여지가 많이 줄어들었죠.

내부형 교장공모제의 내용 자체도 많이 바뀌었습니다. 교장공모제가 2007년 9월부터 시범실시되었는데 초창기에는 평교사가 참여할 수 있는 학교의 문호가 꽤 넓었습니다. 그런데 2009년 교과부가 법령을 개정하면서 정년퇴임 등으로 교장 결원이 발생하는 학교 수의 일정 범위 안에서 교장 공모 실시 학교를 지정하되, 그중에서도 초빙형을 제외한 내부형 공모학교의 15% 범위 안에서만 교장자격 미소지자(교장자격증을 갖고 있지 못한 경우를 일컫는 것으로 평교사 출신이 이에 해당한다)가 응모할 수 있도록 관련 규정을 바꾸었습니다. 이로써 평교사가 교장이 될 수 있는 길이 더 막혀버린 것이죠. 이 기준을 적용하니까 경기도의 경우, 평교사가 응모할 수 있는 교장공모제 학교가 초·중등 전체 합해서 한 한기에 평균 3개교 정도밖에 안 됩니다. 전국에서 규모가 가장 큰 경기도가 이러한데 다른 지역은 어떻겠어요? 그런데 교육부가 의뢰해 한국교육개발원이 수행한 조사 결과를 보면 내부형 공모제, 특히 비자격 교장공모제로 운영한 학교의 만족도나 효율성이 높은 것으로 나오거든요. 이 때문에 이주호 전 장관이 취임할 무렵만 해도 교장공모제를 적극 확대해 기존 관료체제를 허물 것처럼 얘기하더니 결국에는 더 폐쇄적으로 바뀌었습니다.

김은남 왜 더 폐쇄적인 방향으로 제도가 바뀌었을까요?

김상곤 일단은 기득권 그룹의 반발이 거셌던 것이 가장 주된 원인이었을 것이라고 봅니다. 그 전까진 배타적이고 독점적인 자격에 의해 교장이 될 수 있었으니까요. 경기도가 내부형 교장공모제를 적극 확대할 의사를 보인 것도 교육부를 자극했던 것 같습니다.

김은남 어느 조직이나 리더가 가장 중요한 것 아닌가요? 교장이 바뀌지 않는 한 혁신학교나 그 밖의 교육 혁신 실험들도 추동력을 얻기가 어려울 듯한데요.

김상곤 학교 문화는 교장의 리더십에 따라 70% 가까이 영향을 받는다고 하죠. 실제로 어떤 분이 교장으로 와서 어떻게 리더십을 발휘하느냐에 따라 학교가 크게 달라집니다. 추진력을 가진 교장 선생님은 불과 한 학기 내지 일 년 사이에 학교를 몰라보게 변화시키기도 하죠. 반면 어떤 교장 선생님은 단기간에 분위기를 악화시키기도 하고요. 이 때문에 어떤 학부모들은 "정년 앞둔 교장 선생님 말고 젊은 교장 선생님 좀 보내주세요"라고 탄원을 하시기도 하는데, 나이의 문제만은 아니라고 봅니다. 변화하는 교육환경 속에서 자신의 역할을 어떻게 설정하고 관철해내느냐의 문제죠.

김은남 그렇다고 이걸 교장 개인의 스타일에만 맡겨놓을 문제는 아니라는 생각이 듭니다. 좀 더 나은 방향으로 변화할 수 있게끔 견인하는 장치가 필요한 것 아닐까요?

김상곤 사실 교장 선생님들이 의식할 수밖에 없는 게 학부모들의 평가입니다. 공식적인 교장 평가만이 아니라 "저 학교 괜찮다더라" 하는 학부모들의 입소문이 교장 선생님들에게는 자극이 될 수밖에 없습니다. 실제로 현장에서 교장 선생님들을 만나보면 이 때문에 스트레스를 꽤 받는다고 말씀하시더라고요. 경기도의 경우 혁신학교가 하나의 흐름을 만들어내면서 '좋은 학교', 다시 말해 학부모나 학생들이 느끼는 만족도가 높은 학교로 신입생이나 전입생이 쏠리는 경향이 나타나고 있으니까요. 그런 의미에서도 저는 학교를 바꿔나가는 데 학부모의 역할이 굉장히 중요하다고 생각합니다.

저는 이런 자극이 건강한 경쟁도 유도할 수 있다고 봅니다. 혁신학교를 계속 새로 지정하고 재심사하는 것도 그래서입니다. 현재 혁신학교 지정 기간이 4년인데 2년이 지나면 중간평가를 한 번 하고, 다시 2년이 지나면 종합평가를 해서 재지정 여부를 결정하게 되어 있어요. 2013년 심사에서는 2009년 9월 혁신학교로 처음 지정됐던 13개 학교 중 3곳이 재지정에서 유보되었습니다. 이런 식으로 학교마다 스스로 변화와 혁신을 끊임없이 추구할 수 있게끔 하는 거죠.

김은남 학생이나 학부모 입장에서는 어떨까요? 한동안은 혁신학교 관련 뉴스가 부동산 면에 주로 실린다는 게 화제가 되기도 했죠? 조금 전에 말씀하신 대로 혁신학교에 가고 싶어 하는 부모들이 몰리면서 인근 부동산 값이 뛴다는 얘기였는데요.

김상곤 부모님들만이 아니죠. 몇 년 전만 해도 '특목고 유치'를 최우선 공약으로 내걸던 정치인들이 이제는 여야를 막론하고 '혁신학교 유치'를 내세우며 표를 호소하고 있으니까요(웃음). 실제로 조사를 해 봐도 혁신학교는 학생·학부모·교사의 만족도가 고르게 높게 나타나는 것으로 나옵니다.

김은남 성적은 어떻습니까? 아무리 혁신학교라 해도 학부모라면 자녀들의 성적에 예민할 수밖에 없을 텐데요.

김상곤 학력을 산술적으로 비교한다는 건 문제가 있다고 생각합니다. 그럼에도 불구하고 일제고사(국가수준 학업 성취도 검사) 성적으로 따진다면, 혁신학교는 기초학력 미달 비율이 해마다 줄고 있어요. 혁신학교로 2년 이상 지정된 초등학교 22곳의 학업 성취도 평가 결과를 보면 경기도 전체 학교의 기초학력 미달 비율이 0.9% 포인트 감소한 데 반해 이들 학교의 미달 비율은 1.2% 포인트 감소한 것으로 나와요. 혁신학교로 지정된 중학교 14곳도 기초학력 미달 비율이 2010년 6.3%에서 2011년 3.9%, 2012년 3.6%로 계속 감소하는 것으로 나오고요. 반대로 '보통 학력 이상' 비율은 증가하는 것으로 나옵니다. 초창기에는 특히나 주변 환경이 어렵고 학력이 낮은 지역을 혁신학교로 우선 지정했다고 말씀드렸죠? 이런 학교들의 경우 이미 학생들이 학습에 흥미를 잃은 상태기 때문에 학력을 끌어올린다는 게 쉽지 않습니다. 그런데 혁신학교가 '선발효과'가 아닌 '학교

효과', 곧 우수한 아이들을 선발해서가 아니라 평범한 아이들을 잘 가르침으로써 학력을 끌어올리고 있음을 입증하는 결과물들이 나오고 있는 거죠.

김은남 문제는 고등학교로 올라갈수록 혁신학교에 대한 호응이 떨어진다는 점인 것 같습니다. 토론식 교육, 체험형 교육도 좋지만 대학입시라는 한계 앞에서는 혁신학교도 어쩔 수 없는 것 아니냐는 건데요.

김상곤 그런 질문을 많이 받습니다. 실제로 고등학교 단위에서는 혁신학교 신청이 적은 편이기도 합니다. 고등학교 227곳 중 혁신학교는 30곳 정도니까요. 그런데 저는 혁신학교가 현행 대입 제도에 꼭 불리하다고만은 생각지 않습니다. 혁신학교 방식으로 학생들을 키워내는 목적이 자기주도 학습능력, 자기관리 능력을 길러주도록 하려는 거니까요. 대학입시에 필요한 능력도 스스로 길러낼 수 있지 않을까 기대합니다. 실제로 혁신학교로 지정된 고등학교 중에서 흥덕고(용인), 창조고(안성), 광덕고(안산) 등이 입시를 치렀는데, 학생들이 입학 때에 비해 엄청난 변화와 성장을 겪은 것으로 나타났습니다. 한 예로 흥덕고 같은 경우는 비평준화 지역에 생긴 신생 학교라 처음 입학했을 때는 학생들의 중학교 내신 평균이 상당히 낮은 편이었어요. 수능으로 치면 8~9등급쯤 된다고나 할까요? 일반적으로는 대학에 가기 어려운 수준의 학생들이었죠. 그런데 2012년 졸업한

홍덕고 1기생의 경우 전체 116명 중 112명이 대학에 진학했어요. 대학 가는 것만이 능사는 아니겠지만 어쨌든 학생들이 고등학교를 다니는 동안 상당한 변화를 겪었다는 얘기죠. 그뿐 아니라 현행 대입 전형 방식을 보더라도 혁신학교가 꼭 불리한 것만은 아닙니다.

김은남 현행 대입 전형 방식에서도 불리하지 않다, 그건 무슨 뜻이죠?

김상곤 경기도 혁신학교 사례가 널리 알려지면서 요즘은 대학입시 담당자들도 혁신학교에 상당한 관심을 보이는 경향이 있어요. 또 현재 수시 전형이나 입학사정관제 전형에서 비교과 부문을 보잖아요. 여기서도 혁신학교의 다양한 학습 과정을 비교과 부문으로 반영해준다는 얘기입니다.

김은남 어디선가 보니 2015년까지는 경기도의 모든 학교를 혁신학교로 만들겠다 하셨어요. 그게 과연 가능한가요?

김상곤 모든 학교를 혁신학교로 지정하겠다는 건 아니고 다만 혁신학교 프로그램과 성과를 모든 학교가 함께 나누어 갖도록 하겠다는 것입니다. 경기도 혁신학교는 2014년 3월이면 282곳이 됩니다(2010년 43곳, 2011년 89곳, 2012년 154곳, 2013년 227곳). 2009년 13개 학교로 시작한 것이 이제는 경기도 전체 학교의 14%에 이르게 된 거죠.

여기에 그치지 않고 2015년께는 경기도의 모든 학교가 혁신 프로그램을 공유하게끔 계획하고 있어요. 이를 위해 2013년부터는 '혁신학교 시즌 II'라는 이름으로 혁신학교를 재정비하는 중입니다.

김은남 시즌 I과 시즌 II는 어떤 차이가 있는 거죠?

김상곤 시즌 I(2009~2012년)이 기초를 닦고 모형을 만들고 제도를 정비하는 과정이었다면 시즌 II(2013~)에서는 이를 일반학교로 확산시키면서 교육 혁신을 추진한다는 의미입니다. 일부 학교에서만 혁신학교 프로그램을 운영할 게 아니라 앞으로는 전체 학교로 이를 확산하겠다는 것이죠. 이미 시즌 I 단계에서 기반은 다졌습니다. 무엇보다 기존 혁신학교의 성과를 바탕으로 경기도의 독자적인 교육 과정을 마련해 2012년 9월 이를 발표했습니다. 경기도는 이를 '창의지성 교육 과정'이라 부르는데, 일단 경기도 학생들이 미래 사회에 대해 갖춰야 할 역량 7가지를 정하고, 이들 역량을 갖출 수 있게끔 2013~2015년 3년간 교육 과정을 재구성하도록 했습니다. 학교별로도 각자 상황에 맞게 교육 과정을 재조정하도록 했고요. 이건 나름 주목할 만한 시도라고 자부합니다. 그간의 교육 과정은 국가가 정해 학교에 그대로 전달하는 방식이었습니다. 천편일률적인 운영이 될 수밖에 없었죠. 그러나 이제는 지방자치단체가 지역 특성에 맞춰 독자성과 특수성을 살릴 수 있는 가능성이 열렸습니다. 국가가 정한 교육 과정의 기본 틀은 지키되 지자체가 여기에 약간의 운용상의 변화를 줄 수 있게 된 것이죠.

김은남 구체적으로 교육 과정을 어떻게 바꾸겠다는 거죠?

김상곤 그간 한국 교육의 문제점으로 지적돼온 주입식 교육, 암기식 교육 위주의 패러다임을 토의·토론 중심 교육, 탐구 중심 교육, 체험 중심 교육으로 바꿔나가겠다는 것입니다. 지금도 일선 학교에 토의·토론 수업을 일정 비율 이상 배치하게끔 권고하고 있어요. 새로운 교육 과정을 위해서는 가르치는 사람이 중심이 되던 기존 수업 방식이 바뀌어야 해요. 산업화 시대에는 지식을 빨리 암기하고 남의 지식을 잘 모방하는 인재가 필요했죠. 하지만 미래 지식기반 사회는 다릅니다. 인터넷만 켜면 수많은 정보가 떠도는 세상에서 시험문제 풀이를 위해 무조건 외우게끔 하는 공부는 무의미하죠. 다양한 지식과 정보를 잘 찾아 활용하고 이를 바탕으로 비판적 사고를 할 수 있는 학습이 필요합니다. 그런 만큼 새로운 교육 과정은 '배움 중심 수업'이 기반이 돼야 한다고 봅니다. 학습자가 중심이 되는 수업, 그리고 그 과정에서 본질적인 배움이 이루어지는 수업을 통해 비판적 사고력을 갖춘 창의적인 인재를 기르려는 거죠.

김은남 그렇지만 아무리 창의적인 인재를 길러낸다 한들 지금처럼 객관식 위주의 단순한 평가 방법으로는 결국 정답 잘 맞히는 학생이 유리할 수밖에 없지 않겠어요?

김상곤 그렇기 때문에 수업 혁신과 더불어 또 한 가지 중요한 것이 평가 혁신입니다. 경기도는 일단 기존의 사지선다형 평가와 줄 세우기식 평가에서 벗어나 서술형·논술형 평가를 도입하기로 했어요. 2013년은 전체 평가에서 서술형·논술형 평가를 35% 이상 반영하도록 했습니다. 앞으로는 비중을 더 늘려 나갈 생각입니다.

김은남 서술형·논술형 평가 비중이 35%라고요? 그러면 이걸 대비하기 위해 또 사교육을 받는 학생들이 생겨나는 건 아닐까요?

김상곤 그럴 수도 있겠죠. 실제로 "우리 아이는 논술에 약한데 어쩌죠? 학원에 보내야 하나요?"라고 묻는 학부모도 계시더라고요(웃음). 그렇지만 이들 평가의 목적은 아이들을 줄 세우기 위한 것이 아니라 아이들이 수업 시간에 배운 개념을 잘 이해하고 설명하는지, 그리고 자신의 의견이나 주장을 논리적으로 잘 기술하는지 알아보기 위한 것입니다. 그래서 우리는 중간고사나 기말고사 같은 정례화된 방식이 아니라 상시 평가 방식으로 서술형·논술형 평가를 하고자 합니다. 말 그대로 아이들의 성장을 체크할 수 있는 성장 과정 중심 평가예요. 나아가 교사별 평가도 도입하고 있습니다. 학년별로 똑같은 시험을 보는 게 아니라 개별 교사가 중심이 돼 자기가 가르친 것을 평가하는 방식이죠.

김은남 다른 나라 상황과 비교해보면 한국 교사에게는 자율성이 거의 주어지지 않는다는 생각도 듭니다. 사실상 똑같이 가르치고 똑같은 시험문제를 내도록 강요받고 있는 셈이니까요. 그에 비해 외국 교사들을 보면 자기가 만든 교과서로 수업을 진행하기도 하던데요.

김상곤 말로는 교육자치 시대라지만 교육 과정이나 수업·평가 방식을 여전히 국가가 틀어쥐고 싶어 하는 관행에서 못 벗어난 거죠. 경기도교육청의 경우 2012년부터 새로운 교육 과정에 맞춰 교과서도 독자적으로 개발하기 시작했어요. 그 결과 2012년에 중학교용 창의지성 철학 교과서를 시작으로, 기초교양 과목 교과서(사회과학·자연과학·예술·미디어) 7종을 개발해 보급했죠. 2013년에는 〈더불어 사는 민주시민〉 교과서 4종을 개발했고요. 이들 교과서의 경우 인정 교과서여서 경기도만이 아니라 다른 지역의 학교에도 배포하고 있습니다.

김은남 도 교육청 차원에서 교과서를 자체적으로 개발·보급한 것은 처음 있는 일 아닌가요? 교육부에서 어떤 반응을 보였는지 궁금하군요.

김상곤 자체 개발은 처음 있는 일이죠. 그래서인지 교육부에서 좀 민감해하더라고요. 교과서 제목에 '창의지성'이라는 문구를 쓸 수 없다거나, 교육청 로고를 쓸 수 없다거나 하는 식으로 몇 차례 '태클'을 걸어왔죠. 〈더불어 사는 민주시민〉 교과서 같은 경우도 교육청이 심의를 시작한 게 2013년 4월인데 연말까지 10여 차례 심의 절차를 거쳤다고 해요. 보통 교과서는 심의 과정이 많아야 두 차례가량인데 훨씬 까다로운 절차를 거친 거죠. 그 바람에 집필진이 처음에

의도하고 기획했던 것보다 많이 수정된 내용도 있다고 들었습니다. 그런데 이들 교과서의 경우 내용을 살펴보면 문제될 게 전혀 없거든요. 정치적 입장이 갈릴 만한 사안에 대해서는 진보·보수 양쪽의 입장을 객관적으로 제시한 다음 토론을 통해 사안의 핵심에 접근할 수 있게끔 유도했고요. 아이템 자체도 서구에서 쓰이는 시민교육용 교과서에 다 들어 있는 내용이에요. 그러니 교육부도 더는 문제 삼기가 어려웠을 겁니다. 어쨌거나 이런 교과서가 나올 수 있었다는 것 자체가 의미 있는 일이라고 생각합니다.

김은남 교육 과정도 교육부에서 정해진 대로 따라야 하고, 교과서도 정해진 걸 써야 하고…… 한편으로는 이런 현실에서 핀란드 교육을 얘기한다는 게 어불성설이라는 생각도 듭니다. 북유럽의 경우 학교와 교사의 자율성이 굉장히 높은 편이죠. 북유럽 교육의 경쟁력이 여기서 비롯됐다는 분석도 많이 나와 있고요.

김상곤 영미식 교육이 교사의 책무성을 강조하고 결과에 따른 보상이나 징벌을 강조하는 시스템이라면, 핀란드·스웨덴 등 북구에서는 말씀하신 대로 교사의 자율성을 강조하는 편이죠. 이 나라 교사들은 대부분 정해진 교과서 없이 자기가 만든 교과서로 수업을 진행하는가 하면 교육 과정을 직접 구성해가면서 자신의 전문성을 확보합니다. 이를 '지성적 책무성'이라는 말로 표현하는데요. 교사들 간의 협업도 잘돼 있어 뭔가 문제가 생기면 내부적으로 토론을 통해 문제를 조율해가는 문화가 정착돼 있습니다. 교사에 대한 사회적 신뢰도 매우 높은 편이고요. 교사 또한 자신들의 직업에 대한 자부심이 높은 편입니다. 북유럽 교사들의 월급이 별로 높은 편이 아닌데도 우수한 자원들이 지속적으로 교사로 유입될 수 있는 건 이런 이유에서라고 봅니다.

김은남 북유럽 학교를 직접 가보신 적도 있나요?

김상곤 교육감이 된 뒤 한 차례 둘러볼 기회가 있었습니다.

김은남 뭐가 특별히 인상적이었나요?

김상곤 많은 학교를 가본 것은 아니어서 일반화하기는 좀 그런데, 제가 들렀던 교실들의 경우 교사가 학생 한 사람 한 사람에 관심을 보이며 피드백을 이끌어내려 하는 모습이 인상적이었습니다. 해당 교과목에 대해 학생들이 어떤 반응을 보이는지 면밀히 살피면서 수준에 맞춘 수업을 진행한다고나 할까요? 학생들의 참여와 관심을 끌어내는 방식도 굉장히 인상적이었습니다.

김은남 한국처럼 수업 시간에 조는 아이들은 없던가요?

김상곤 적어도 저는 못 봤습니다(웃음). 기억에 남는 게 한번은 핀란드 11학년(고2) 교실에서 수업을 참관한 뒤 일행 중 한 분이 선생님께 양해를 구하고 학생들에게 이런 질문을 던진 일이 있습니다. "여러

분은 학교에 오는 것, 그리고 교실에서 공부하는 것이 즐겁고 행복한가요? 그렇다고 느끼는 사람은 정직하게 손을 들어주시겠어요?" 결과가 어땠을까요? 놀랍게도 한 반 학생 전체가 손을 들더군요. 한 치의 망설임 없이요.

김은남 한국 일반고 교실이었다면 한 반에 몇 명이나 손을 들었을까요? 한두 명만 들어도 다행 아닐까요?

김상곤 비극적인 일이죠. 그나마 다행인 건 혁신학교에서 달라진 모습들이 나타난다는 것입니다. 아까 말씀드린 의정부 혁신학교에 갔을 때 핀란드 생각이 나 학생들에게 같은 질문을 한 번 던져봤어요. 여러분은 학교생활이 행복하냐고요. 그런데 놀랍게도 중2 한 반에 있는 학생 25명 거의 전부가 손을 번쩍 드는 거예요. 북한군도 떨게 만든다는 그 무서운 '중2'가 말이죠(웃음).

김은남 핀란드 등 북유럽 학교는 현재 한국 사회에서 보수나 진보나 다 같이 주목하는 교육 모델이기도 하죠. 그런데 같은 핀란드 학교를 놓고도 보는 시각은 조금 다른 것 같습니다. 김상곤 교육감께서는 학교·교사의 자율성을 강조하셨는데, 보수 진영 쪽에서는 학교 간·교사 간 경쟁 시스템에 주목하는 경향이 있어요. 이 같은 경쟁이 핀란드 학교의 경쟁력을 키웠다는 거죠.

김상곤 물론 교육의 전반적인 질적 수준을 높이기 위해 기본적인 경쟁

시스템은 필요하겠죠. 북유럽 학생들이라고 경쟁이 없겠어요? 대학에 갈 때는 어느 정도 경쟁을 거칠 수밖에 없죠. 그렇지만 중요한 것은 경쟁의 성격이라고 봅니다. 서로 폄하하고 상대를 죽이는 식의 경쟁은 결국 사회 전반의 능력과 잠재력을 쇠퇴시킬 뿐입니다. 그에 비해 북유럽은 서로 협력하는 가운데 경쟁하는 '협력적 경쟁' 내지는 '경쟁적 협력'을 통해 사회 전반의 질적 수준을 합리적으로 끌어올리고 있다는 거죠.

김은남 그렇지만 북유럽은 우리와 상황이 다르잖아요. 사회체제나 역사적 경험이 크게 다른데도, 북유럽식 교육 모델을 한국에 적용한다는 게 과연 가능할까요?

김상곤 좀 전에도 말씀드렸지만 경기도 혁신교육이 북유럽을 모델로 한 것은 아닙니다. 우리는 북유럽보다 인구밀도도 높고 사회 전반의 경쟁도 훨씬 심하니까요. 하지만 이렇게 개별 분산적이고 고립적인 경쟁 상황을 벗어나 교육 전반에 협력적인 분위기를 구축하면서 교육의 질적 수준 또한 높이는 것이 혁신의 지향점이 되어야 한다고 봅니다.

김은남 혁신학교는 북유럽 모델과는 다르다고 말씀하셨어요. 그런데 단위 학교나 교사의 자율성을 강조한다든가, 수업·평가 혁신을 중시한다든가 하는 측면에서는 많이 닮은 것 같습니다.

김상곤 북유럽적 요소를 일부 가져오기는 했죠. 하지만 북유럽만 참조한 것은 아닙니다. 일본의 '배움의 공동체' 모델(사토 마나부 도쿄대 교수가 제창한 교육철학이자 방법론으로 배움 중심 수업을 강조한다)에서도 일부 요소를 가져왔고, 프랑스·독일·영국의 교육 혁신 사례도 다 참조했어요. 세계적으로 성공한 여러 교육 개혁 모델에서 취할 만한 점은 취하되 우리만의 강점을 살려 고유한 모델로 승화시킨 것이 경기도 혁신교육 모델이라 이해해주시면 될 것 같습니다.

김은남 우리만의 강점이라면 뭘 얘기하시는 거죠?

김상곤 일단 교사의 질적 수준이 매우 높다는 점을 지적하고 싶고요. 학부모의 교육적 열정이 굉장히 높다는 것 또한 한국만의 강점이라고 말씀드리고 싶습니다. 인구가 많다는 것도 강점이 될 수 있어요. 그만큼 소질과 소양이 풍부한 아이들이 많다는 의미니까요.

김은남 학부모들의 열정이라 말씀하셨는데, 그건 자칫하면 치맛바람으로 이어질 수도 있는 요소 아닌가요?

김상곤 단지 내 아이에게만 도움이 될 거라는 기대로 학교 활동에 참여한다거나, 선생님에게 물질적 지원을 한다거나 하면 치맛바람으로 흐를 수도 있겠죠. 그렇지만 학부모 중에는 건강한 문제의식을 가진 분들도 많거든요. 이런 분들을 참여시켜 교육 혁신의 주체로 세우게 되면 굉장한 에너지를 발휘할 수 있다고 봅니다. 제가

2010년에 '경기교육사랑 학부모 지원단'(경사단)이라고 학부모 조직을 만들었어요. 최근에는 혁신학교 학부모 네트워크도 만들어졌죠. 이렇게 학부모들이 모여 활발하게 활동하다 보면 개인이 고립될 때 겪게 되는 불안감에서 벗어날 수 있어요. 고립돼 있다 보면 이른바 '옆집 엄마' 한 마디에 흔들릴 수밖에 없거든요. 한 예로 몇몇 혁신학교에서는 학부모들이 단체로 사교육 안 시키기 운동을 조직했다고 하던데요. 이렇게 학부모들이 모여 교육 문제를 토론하고 서로 보완해주는 역할을 하다 보면 불안심리도 줄일 수 있고 사교육의 의미도 다시 생각할 수 있게 되는 것 같습니다.

김은남 기존에도 학교마다 학교운영위원회(학운위)라는 기구를 운영해왔잖아요. 학운위와 방금 말씀하신 학부모 단체는 어떻게 다른 거죠?

김상곤 학운위는 일부 학부모만 참가하게 돼 있죠. 그보다는 전체 학부모가 함께 참여해 협력할 수 있는 공식적인 체제가 필요하다고 보았습니다. 최근에는 여기서 한 걸음 더 나아가 학부모조례도 만들었어요. 도 의회에서 한 번 부결됐다가 2013년 초에 통과됐습니다.

김은남 학부모조례라고요? 그런 것도 있나요?

김상곤 아마 학부모 관련 조례를 만든 것은 경기도가 세계적으로도 최초일 것 같습니다(웃음). 그간에는 사실 학부모가 학교 활동에 참여하는 데 필요한 공식적인 근거나 규정이 미흡했죠. 그러다 보니 학부모 입장에서도 학교 일에 동원되거나 이용당하는 듯한 찜찜함이 있었습니다. 학교 입장에서도 학부모가 학교에 드나드는 걸 껄끄러워하는 분위기가 있었고요. 그러나 학부모조례가 제정됨으로써 이제는 학부모도 당당히 학교 운영의 주체가 될 수 있게 됐습니다. 때로는 학교와 아이들을 위해 본인의 재능을 기부하고, 때로는 학교 운영을 감시·견제할 수 있게 된 거죠. 더 중요한 것은 이로써 교사·학생·학부모 세 주체가 각각 공식적으로 자기 권한을 갖고 학교 운영에 참여할 수 있게 됐다는 것입니다. 교사는 교권보호헌장, 학생은 학생인권조례, 학부모는 학부모조례에 각각 근거해 자기 목소리를 낼 수 있게 되었다고나 할까요.

김은남 학부모까지 참여시킨 모델이라…… 다른 나라의 교육 개혁 모델과는 이 지점에서 분명하게 차이가 나겠네요.

김상곤 교육 선진국이라는 북유럽에서도 학부모는 보조적인 위치에 머무르는 경향이 있습니다. 유럽식 학부모회(PTA, Parent-Teacher-Association)도 단순한 학교 공동체 수준이에요. 그에 비하면 경기도 학부모회는 보다 적극적인 참여형 학교 공동체 조직이라 할 수 있습니다. 한국 학부모들의 교육열이 워낙 높고, 현재 모습의 학교를 변화시키는 데 학부모들의 역할이 절대적으로 필요하다고 판단했기에 학부모조례를 만든 겁니다. 여기에 지역사회까지 결합한 거버넌스(governance) 모형으로 경기도 혁신학교는 진화하는 중입니다.

김은남 거버넌스 모형에 대해서는 나중에 다시 얘기하기로 하고요(216쪽 이하 참조). 문제는 다른 지역에서도 혁신학교 모델이 경쟁력이 있겠느냐는 거예요. 진보 교육감이 있는 다른 지역에서도 혁신학교를 시도했습니다만, 경기도만큼 뚜렷한 성과를 나타낸 것 같지는 않습니다.

김상곤 경기도 혁신학교 이후 강원도에서는 행복플러스 학교, 광주광역시에서는 빛고을 혁신학교, 전라남도에서는 무지개학교, 전라북도에서는 혁신학교, 서울에서는 서울형 혁신학교를 실험 중이죠. 2013년 현재 이들 지역의 혁신학교 비율은 전체 학교의 4~6%대인 것으로 알고 있습니다. 더디기는 하나 꾸준히 늘고 있어요. 이들 지역뿐 아니라 인천·대구·부산·충남·충북·제주 등도 혁신학교에 관심을 보이고 있고, 경기도 혁신학교 교사들이 이들 지역에 가 수업 컨설팅이나 강의 지원 등도 하고 있는 것으로 알고 있습니다. 그만큼 혁신학교가 전국적인 모델로 자리를 잡아가고 있는 거라 보면 되겠죠. 다만 서울 같은 경우 교육 수장이 바뀌면서 혁신학교가 좀 어렵게 된 측면은 있는 것 같습니다.

김은남 곽노현 전 교육감 낙마 이후 새로 당선된 문용린 서울교육감은 혁신학교를 추가 지정하지 않겠다고 밝힌 바 있습니다. 기존 혁신학교에 배정된 예산도 대폭 축소했고요.

김상곤 교육감이 바뀐 뒤로 혁신학교 실태를 조사하는 감사가 계속 내려왔다는 얘기를 들었습니다. 그러니 혁신학교 도입에 적극적이었던 교사들도 위축되고 고립될 수밖에 없었겠죠. 처음부터 혁신학교를 불편해하던 교장·교감 선생님들은 교육감이 바뀌면서 더더욱 소극적인 자세를 보였을 테고요.

김은남 그렇지만 한편으로는 서울형 혁신학교가 학생·학부모·교사의 지지를 충분히 얻지 못했던 것은 아닌가 하는 생각도 하게 됩니다. 경기도에서는 초창기부터 혁신학교가 바람을 일으킨 반면 서울에서는 그만한 성과를 나타내지 못했으니까요. 그 이유가 뭘까요? 경기보다 서울의 교육 양극화가 더 심하다 보니 혁신학교가 힘을 얻지 못한 걸까요?

김상곤 그런 측면도 있을 것이라고 봅니다. 서울은 경기도에 비해 특목고 학생 수도 많고 자사고도 훨씬 많은 상황이니까요. 이로 인해 서열화된 고등학교 체제가 만들어지면서 이것이 중학교, 초등학교 단계에까지 영향을 미쳤을 가능성을 배제할 수 없습니다. 그럼에도 불구하고 저는 리더가 어떻게 하느냐에 따라 상황이 달라질 수 있다고 봅니다. 리더가 명확하고 확신에 찬 혁신 의지를 갖고 있다면 어떻게든 단계적인 접근을 할 수 있다는 거죠. 이미 말씀드렸다시피 경기도 혁신학교에 대해서도 처음에는 부정적인 여론이 훨씬 많았습니다. 그런데 시간이 지나고 실질적인 변화가 나타나기 시작하면서 여론이 바뀐 것이죠. 그런 만큼 리더가 목표를 명확히 제시하고 일을 추진해나가는 모습을 보여주면 어떤 상황에서라도 새로운 변화를 이끌어낼 수 있다고 봅니다.

학교에서 경험하는 보편적 복지
-무상급식

김은남 이번엔 무상급식 얘기를 해보겠습니다. 얼마 전에 보니 서울시가 2014년부터 중학교 전 학년에까지 친환경 무상급식을 확대하겠다고 발표했더군요. 오세훈 전 서울시장이 이 문제로 주민투표까지 발의했던 게 불과 3년 전이었음을 감안하면 말 그대로 격세지감이던데요. 돌이켜보면 무상급식을 전국적으로 공론화시킨 최초의 인물이 바로 김상곤 교육감이었죠. 그때만 해도 무상급식을 둘러싸고 논란이 엄청났던 기억이 납니다.

김상곤 2009년 교육감에 출마하면서 처음으로 무상급식 공약을 제기했죠. 그런데 초창기만 해도 사람들이 이걸 별로 눈여겨보지 않았어요. 먹을거리 문제다 보니 별로 주목하는 사람도 없었고, 주목을 한다 해도 '그게 과연 되겠어?' 하고 생각하는 사람이 많았던 것 같습니다. 선거 때도 크게 쟁점이 되진 않았습니다.

김은남 흥미롭네요. 처음엔 논란의 대상이 아니라 무관심의 대상이었다는 거죠?(웃음) 그러면 언제부터 무상급식이 그토록 뜨거운 쟁점이 된 건가요?

김상곤 당선되고 난 직후인 2009년 6월 초등학교 무상급식비 171억 원을 추경예산에 편성해 경기도 교육위원회와 의회에 올렸어요. 일단 농어촌 지역 및 도시 지역 소규모 학교부터 무상급식을 실시하려는 계획이었죠. 그런데 경기도교육위원회에서 이중 50%인 85억 원을 삭감해버린 거예요. 그다음 예산안이 경기도의회 교육상임위원회로 넘어갔는데, 여기서는 그나마 남아 있던 50%도 삭감해버렸고요. 결국 무상급식에 쓰려던 예산 전액이 삭감돼버린 거죠. 그러면서 소동이 벌어지니까 학부모들도 이 문제를 주목하기 시작했던 것 같습니다.

김은남 그 뒤로도 도 의회, 도 교육위원회와 계속 씨름하셨죠? 언론들이 이 과정을 생중계하기 시작하면서 무상급식이 전국적 쟁점으로 떠올랐고요.

김상곤 그렇습니다. 추경 예산이 전부 삭감된 뒤 그해 9월에는 무상급식비 650억 원을 본 예산에 편성해 올렸어요. 그랬더니 도 의회에서 또다시 예산을 전액 삭감시킨 거예요. 예산 확보가 문제가 아니라 도 의회는 무상급식의 취지에 동의하지 않는다는 내용의 결정이었죠. 2010년 지방자치단체 선거가 있기까지 그렇게 세 차례 예산을 삭감당했어요.

김은남 무엇 때문에 그토록 무상급식을 반대했던 걸까요?

김상곤 한마디로 이건희 회장 손주에게까지 공짜로 밥을 먹여야 하냐, 뭐 그런 논리였죠. 국민을 현혹시키는 허황한 포퓰리즘이라는 공격도 많이 받았습니다. '좌파 급식'이라는 등 '북한식 사회주의 논리'라는 등 말도 안 되는 색깔론 공격도 받았고요.

김은남 그렇다면 반대로 묻죠. 김상곤 교육감께서는 무엇 때문에 그토록 '밥 한 끼' 문제에 매달리셨던 건데요?

김상곤 우리의 사회경제적 수준에 맞게 이제는 보편적 교육복지가 이뤄져야 한다고 봤으니까요. 우리가 지금 1인당 국민소득 2만 달러 시대를 살고 있잖아요. 그렇다면 그에 상응하는 사회복지 제도가 확충돼야 한다고 생각했습니다. 한국 사회가 이렇게 단기간에 발전하게 된 데는 국민들의 기여가 결정적이었는데, 정작 발전의 성과는 공평하게 나누지 못하고 있으니까요. 따라서 국민들이 노력한 결과를 함께 나누려면 보편적인 사회복지가 국가 주도로 더 확산되고 심화돼야 한다고 생각했죠. 그건 국가가 베푸는 시혜가 아니라 우리가 세금 내는 국민으로서 당연히 요구하고 누려야 할 권리이기도 하니까요.

교육 분야도 마찬가지입니다. 교육은 특히 그 어떤 부분보다 공공성이 강하죠. 가난한 아이건 부잣집 아이건 학교에서 차별받지 않아야 하고, 균등한 교육 기회를 누리면서 자기 역량을 마음껏 발휘할 수 있어야 합니다. 그런데 현실이 그런가요? 사회적·경제적 양극화가 심화되면서 부모의 경제력에 따라 아이가 성공할 기회를 차단당하는 불평등하고도 불공정한 현실이 펼쳐지고 있죠. 그래서 제가 교육감이 되면 교육 분야에서의 복지를 확충하고, 이를 보편적 방식으로 펼쳐봐야겠다는 다짐을 일찍부터 하고 있었습니다.

김은남 교육복지와 관련된 공약이라면 다른 걸 약속할 수도 있잖아요. 그런데 왜 하필이면 급식이었던 거죠?

김상곤 그래서 한때는 학교 준비물 같은 걸 무상으로 학교에서 제공한다든가 하는 공약을 내걸까도 생각했습니다(웃음). 그런데 일단은 가장 대표적이고 상징적인 게 급식일 것 같더라고요. 초등학교·중학교 의무교육 기간 동안 교과서나 등록금은 무상이잖아요. 급식이라고 안 될 이유가 없죠.

더욱이 급식이라는 게 여러 가지 의미가 있습니다. 일단 어려운 가정 형편 때문에 도시락을 싸오지 못하는 학생들, 급식비를 내지 못하는 학생들이 이로 인해 받는 상처가 너무 크죠. 부정적 낙인효과라 해야 할까요? 무상급식을 하게 되면 이런 불평등과 심리적 차별로부터 학생들을 지킬 수 있습니다. 그런가 하면 급식이 지역 농업과도 연결돼 있잖아요. 친환경 급식을 확대하면 지역 친환경 농가도 살릴 수 있는 거죠. 친환경 급식을 통해 학생들에게 먹을거리 교육을 시킬 수도 있고요. 그런 의미에서 여러모로 급식이 상징적일 수 있겠다는 생각을 했습니다.

김은남 역사를 따져보면 경기도교육청보다 먼저 무상급식을 실시한 곳이 있더군요. 경남교육청 같은 경우 이미 2008년부터 친환경 무상급식을 도입했던데요. 이 때문에 나중에 새누리당이 포퓰리즘으로 무상급식을 공격하면서 논리가 옹색해진 측면도 있었죠. 어찌 보면 '새누리당의 텃밭'이라 할 만한 곳에서 무상급식이 처음 싹을 틔운 거니까요.

김상곤 맞습니다. 제가 무상급식 공약을 만들 때도 경남교육청 사례를 검토했죠. 그런데 경남 같은 경우 어떤 교육적 가치를 갖고 무상급식을 하려는지가 조금 불분명하다는 판단이 들었습니다. 학생과 학부모에 대한 일종의 시혜적 차원에서 무상급식에 접근했다고나 할까요? 저는 그런 방식엔 한계가 있다고 판단했습니다. 그보다는 보편복지의 차원에서, 모든 국민이 누려야 할 당연한 권리라는 측면에서 무상급식을 다뤄야 한다고 보았죠.

김은남 무상급식에 대한 반발의 정점은 2011년 오세훈 전 서울시장이 제기한 주민투표였던 것 같습니다. 당시 오 전 시장은 무상급식을 '망국적 포퓰리즘'이라 규정하며, 시장직을 걸고서라도 이를 저지하겠다고 주민투표를 강행했었죠.

김상곤 이미 2010년 6·2 지방선거를 계기로 무상급식 논쟁은 사실상 끝났다고 저는 생각합니다. 유권자 다수가 무상급식과 보편적 복지를 내건 야권에 표를 몰아줬으니까요. 그런데 주민투표 발의 당시에 나온 언론 보도를 보면 오세훈 전 시장은 '유권자들이 뭔가에 홀린 상태에서 투표에 임한 것'이라는 인식을 갖고 있는 듯하더군요. 그러면서 자신의 주민투표 발의를 정의감과 우국충정으로 무장한 투사의 의로운 투쟁인 양 포장하고요. 그래서 그 무렵 제가 '복지는 정쟁의 대상이 아닙니다'라는 제목으로 오세훈 전 시장에게 공개 편지를 드린 일이 있습니다. "6·2 선거에서 핵심 쟁점으로 부상한 무상급식 논란은 오히려 우리 사회의 '복지 불감증'에 대한 치열한 문제 제기였으며, 국민들은 복지를 보편적으로 확대해야 한다는 현명한 선택을 했다고 생각한다" "무상급식은 정치적 헤게모니 싸움의 대상이 아니다. 한국 사회의 불안한 복지가 가져다준 폐해를 정확히 인식해 달라. 경제력 하위 50%에 속하는 우리 아이들과 부모들에게 자신이 '하위 50%'에 속하는 '무료급식 대상자'라는 것을 입증해야 한다는 낙인과 슬픔을 더 이상 안기지 말아달라"고 호소하는 내용이었죠.

김은남 답장은 있었나요?

김상곤 투표 결과가 답장이었죠(웃음). 대신 주민투표가 끝나고 다시 한 번 공개 편지를 썼어요. 이번에는 서울시민한테 보내는 편지를요.

김은남 그때 편지는 제가 스크랩해놓은 게 있습니다. 잠깐 편지 내용 중 눈에 띄는 구절을 읽어볼까요?

"보편적 복지는 인권입니다. 헌법 제22조와 제31조는 모든 사람이 사회보장을 받을 권리와 의무교육 무상 원칙을 천명하고 있고, 세계 인권선언은 인간의 경제·사회적 권리를 인권이라고 칭했습니다. 인권과 교육권이 올곧게 지켜지는 사회가 공정 사회이고 공정 발전의 기본입니다. 무엇보다, 하위 50% 아이들에게만 제공되는 무료급식은 우리 사회에서 성적이나 외모에 대한 비교보다 훨씬 더 굴욕감을 주는 원색적인 비교표이고, 이것은 제도적 폭력에 가깝습니다."

김상곤 그렇습니다. 무상급식을 포함한 보편적 복지는 인권의 문제라는 걸 얘기하고 싶었습니다. 또 주민투표를 통해 우리 사회가 보편적 복지 확대 쪽으로 나아가야 한다고 분명하게 의사를 표현한 시민들에 대해서도 경의를 표하고 싶었습니다.

김은남 사실상 주민투표 이후 무상급식과 보편적 복지는 누구도 거스르기 힘든 대세로 떠올랐죠. 박근혜 대통령과 새누리당마저 지난 대선에서 보편적 복지의 확대를 주요 의제로 다뤘으니까요. 어찌 보면 6·2 선거 이후 야권이 선점했던 의제를 여권에 빼앗긴 측면도 있습니다만.

김상곤 그간 진보 진영에서 주로 제기했던 의제가 국가사회적 의제가 됐으니 한편으론 자부심을 느낍니다. 우리 사회의 복지 논의가 바람직한 방향으로 확산됐다는 의미니까요. 경기도에서 촉발된 무상급식 논쟁이 교육복지를 넘어 보편적 사회복지의 담론으로 이어지고, 이것이 국민적 공감대를 형성하면서 2012년 총선·대선에서 여야를 막론하고 복지국가 공약을 내세우는 것으로 이어졌음을 생각하면 참으로 가슴 벅찬 일이죠.

그렇지만 다른 한편으로는 박근혜 대통령이나 여권이 복지 의제를 가져가 활용만 하고 만 것은 아닌가 하는 문제의식도 듭니다. 선거용으로 대중을 현혹했다고나 할까요? 실제로 박 대통령 당선 이후 복지와 관련된 많은 공약이 후퇴하고 있으니까요. 교육복지는 말할 것도 없고요. 이런 상황을 감안하면 때로는 속았다는 느낌도 듭니다.

김은남 그렇지만 무상급식을 둘러싸고는 여전히 이런저런 시비가 있습니다. 일단 무상급식에 예산을 몰아주느라 낙후한 학교 시설을 개선하지 못하고 아이들이 불편한 환경에서 공부를 하고 있다는 얘기가 들려요.

김상곤 저는 왜 그런 얘기가 나오는지 모르겠어요. 무상급식에 쓰이는 예산과 학교 시설 확충에 쓰이는 예산은 서로 다르거든요. 그런데 무상급식 때문에 낙후된 학교 시설이 방치되고 있다? 최소한 경기도에서는 지난 5년간 이런 얘기가 나온 일이 거의 없습니다. 다른 지역은 예산 운용 방식이 우리와 다른 건지도 모르겠습니다만…… 물론 교육 예산 전반이 줄면서 학교 시설 개선에 쓰일 예산이 축소될 수는 있겠죠. 그런데 이것도 무상급식 탓이라기보다는 누리과정(무상보육) 예산 등의 영향일 가능성이 커요. 중앙정부가 지방세 수입은 대폭 줄여놓고 만 3~5세에 해당하는 무상보육 예산을 지방정부와 지방교육청에 떠넘겨버렸거든요. 무상보육 한다면서 생색은 정치권과 중앙정부가 내고 부담은 지방정부와 교육청에 떠넘겨버린 셈이죠. 경기도교육청 같은 경우 2013년 누리과정에 지원한 예산이 7천3백 억 원이고 2014년에는 9천2백 억 원에 달할 것으로 예상되니까 무상급식과 비교가 안 될 만큼 상당히 큰 액수입니다.

김은남 외국을 살펴봐도 무상급식을 하는 나라는 거의 없다는 지적도 있었습니다. 교육복지 선진국도 마찬가지고요.

김상곤 그건 맞습니다. 그렇지만 이들 나라와 비교하기에는 한국은 교육복지 전반이 너무 취약한 상태죠. 한국 학부모의 교육비 부담이 과중하다는 것은 이미 전혀 새로운 뉴스가 아닙니다. 통계청이 발표한 '2011 사교육비 조사' 결과를 보면 2011년 한국의 사교육비 규모는 총 20조 1천억 원으로 국내총생산(GDP)의 1.6%를 차지합니다. 거의 세계 최고 수준이죠. 그런데 한국 학부모가 사교육비만 많이 지출하는 게 아니에요. 공교육비 중에서도 학부모가 부담하는 비율이 상당히 높습니다. OECD 국가들과 비교해보면 한국의 공교육비 중 학부모들이 부담하는 비중은 GDP 대비 2.9%로, 세계에서 가장 높은 수준에 속합니다. 그렇다고 선진국에선 보편화된 아동수당 같

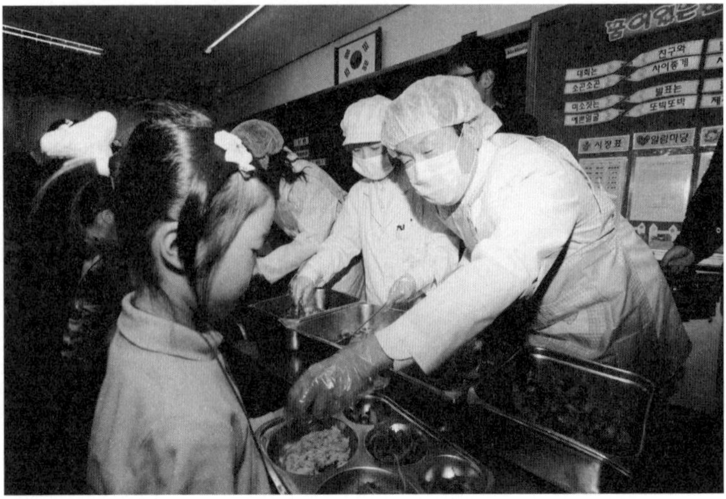

김상곤 교육감이 무상급식이 이루어지는 학교에서 배식에 참여하고 있다. 무상급식은 교육 현장에서 이루어지는 보편적 복지의 시작이다.

은 게 있길 하나요? 그것도 아니죠. 이런 상황에서 그나마 무상급식으로 교육복지의 물꼬를 튼 겁니다.

김은남 무상급식이 되면서 학교 급식의 질이 떨어졌다는 불평을 제기하는 사람들도 있습니다.

김상곤 한편으로는 오해, 한편으로는 억지가 섞인 주장이 아닐까 하는 생각이 듭니다. 일단 선별적 급식을 할 때와 비교하면 급식 예산 자체가 늘면서 1인당 식단가가 높아졌어요. 그전에는 급식비를 내지 못하는 학생들에게도 급식을 제공하느라 때로는 식사가 부실해지는 경향이 있었는데, 지금은 모든 학생 몫의 식사 비용을 무상급식 예산으로 제공하니까요. 식자재도 종합적으로 구매합니다. 경기도 교육청의 경우 계약 재배·공동구매 방식을 도입했기 때문에 식자재의 질이나 청결성도 훨씬 향상됐어요. 학교에 있는 영양사 분들을 만나봐도 과거에 비해 급식의 질이 갈수록 좋아지고 있다는 얘기를 합니다. 예전에는 급식비를 학부모에게 받아야 하니 식자재 단가를 인상하는 데 한계가 많아 보통 50~100원 정도밖에 못 올렸다는 거예요. 그러니 때로는 재료가 부실해질 때도 있었다는 거죠. 그런데 지금은 시세에 맞게 200~300원씩 조정할 수 있게 되면서 식자재 품질이 훨씬 좋아졌다고 하더라고요. 덕분에 자신들도 자긍심을 갖고 일을 하고 있다면서요.

김은남 무상급식 만족도를 조사해보면 금세 답이 나오지 않을까요?

김상곤 제 말이 그 말입니다. 무상급식 만족도는 70~80%를 웃돕니다. 교사·학생·학부모의 만족도가 거의 엇비슷한데다 해마다 계속 그 수치가 높아지고 있어요. 다만 일부 아이들의 경우 학교 급식이 맛없다고 불평할 수는 있을 것 같습니다. 급식에 조미료나 화학첨가물을 거의 쓰지 않거든요. 어떤 학교는 일주일에 두 차례 이상 채소 샐러드를 급식 메뉴로 배치하기도 합니다. 인스턴트와 화학조미료에 길들여진 아이들의 입맛을 바로잡기 위해서죠.

김은남 지역이나 계층에 따라 무상급식 만족도에 조금씩 차이가 있나요?

김상곤 차이를 따지기에는 무상급식 찬성률이나 만족도가 워낙 압도적으로 높게 나오는 편입니다. 특히 찬성률은 90% 이상으로 나올 때도 있어요. 부자 부모건 가난한 부모건 마찬가지입니다. 아마 전국적으로 비슷할 거예요.

김은남 부자들한테는 급식 비용 부담이 크지 않은 편일 텐데도 그런가요?

김상곤 일 년으로 환산하면 50만~60만 원 정도니까 부자들한테는 큰 액수가 아닐 수도 있겠죠. 그럼에도 고소득층에서도 무상급식을 반기는 경향이 뚜렷이 나타납니다. 저도 왜 그럴까 생각해봤는데요. 단순히 공짜라서 그런 것만은 아닌 것 같습니다. 그보다 고소득층의 경우 아무래도 세금을 더 많이 내는 편이잖아요. 그런데 내가 내는 세금만큼 나한테 돌아오는 혜택이 거의 없다는 생각을 늘 하고 있던 차에, 무상급식으로 작은 부분이나마 뭔가 돌려받는 경험을 처음 하게 된 것 아닐까요? 어쩌면 이건 세금 내는 국민 누구에게나 해당되는 얘기일 것도 같습니다. 이렇게 눈에 보이는 혜택을 느껴봐야 세금 내는 보람과 이유를 찾을 수 있는 것 아니겠어요? 이렇게 보면 이건희 손주한테 왜 무상으로 밥을 줘야 하냐는 논리가 참 궁색하다는 생각도 듭니다.

김은남 그러고 보니 '인간은 이기적 동물이기에 보편적 복지가 필요하다'는 말이 생각나네요. 보통은 사회적 약자에 대한 연민이나 동정심 차원에서 복지가 필요하다고 생각하잖아요. 그런데 이와 달리 인간은 자기의 이익을 먼저 생각하는 존재이며, 오히려 그렇기 때문에 자신에게 혜택이 돌아온다는 확신이 있어야 공공의 일에 주머니를 풀게 된다고 주장하는 사람들이 있죠.

김상곤 북유럽 국가들이 보편적 복지를 택한 이유도 그 때문이죠. 일례로 스웨덴 같은 경우 지금의 보편적인 사회복지 시스템을 도입한 것이 1930년대였는데 그때만 해도 스웨덴에 부가 넘쳐서 그랬던 게 아니었어요. 그보다는 자원도, 인구도 많지 않은 나라로서 성장 잠재력을 유지하고 발전시키기 위해 국민의 기초적 삶을 보장하는 사회안전망이 필요하다고 판단하고, 보편적 복지 방식으로 이를 확충하고자 했던 거죠. 아마도 가난한 사람 등 사회적 약자에게만 사회안전망이 제공되면 나머지 국민들은 세금 내기가 싫어졌을 거예요. 스웨덴의 논객 안네마리에 린드그렌과 잉바르 카를손 전 총리가 쓴 〈사회민주주의란 무엇인가〉를 보면 이런 논리가 비교적 명쾌하게 정리돼 있죠. "만약 가장 어려운 사람들만이 아동수당, 무상의료 또는 무상교육의 혜택을 받는다면 나머지 사회집단들은 그러한 혜택이 가능한 한 값싸게 지급되는 데 관심을 가질 것이다. 나아가 그들은 온갖 이유를 들면서 급여의 비용을 줄이려 할 것이다. 왜냐하면 이 급여는 자신들은 받지 못하는 것이고, 또 여기서 제공되는 서비스의 질이

나쁘다고 해도 자기들에게 직접적인 영향이 미치지 않기 때문이다" 라고요. 그런 만큼 "모든 사람에게 혜택이 돌아가는 복지 개혁이 필요하다. 그렇게 되면 모든 사람은 자신들을 위한 재정 확보에 동참하는 것에 관심을 가지게 될 것이다"라고 이들은 주장하고 있습니다.

김은남 그런 의미에서 보자면 무상급식이 보편적 복지와 관련해 우리 사회에 굉장히 중요한 선행학습을 시키고 있는 셈이네요(웃음). 다시 무상급식 얘기로 돌아가 보겠습니다. 현재 무상급식 식재료를 공급하는 농가와 계약 재배를 하고 있다고 하셨어요.

김상곤 친환경 쌀은 물론 채소를 재배하는 농가, 축산 농가 등과 두루 계약을 맺고 있습니다. 이를 위해 미리 친환경 농산물 학교 급식 지원계획을 세웠어요. 그와 동시에 친환경 농산물 생산 농가를 여러 차례 방문해 꼼꼼하게 식자재를 검수하고 계약과 구매를 공동으로 추진하게끔 했죠. 얼마 전에 친환경 급식 관련 행사에 참여할 일이 있었는데, 점심을 먹던 중 합석한 농민 한 분이 벌떡 일어나 이런 말씀을 하세요. "무상급식으로 우리 농민들의 생활이 확 달라졌다. 선거와 정책이란 게 우리 살림을 이렇게 달라지게 할 수 있다는 것을 새삼 느꼈다"라고요. 이전까지는 농사를 지어도 판로가 불투명해 미래가 늘 불안할 수밖에 없었는데, 계약 재배를 하게 되면서부터 삶이 크게 달라졌다는 거죠. 저는 이렇게 학교와 생산 농가 모두가 상생관계를 맺을 수 있게 됐다는 걸 무상급식의 또 다른 성과라고 봅니다. 어찌 보면 농민과 학교, 학부모와 학생, 그리고 경기도교육청과 경기도청, 31개 시·군까지 종횡으로 얽혀 친환경 먹을거리 생태계를 새롭게 구축하게끔 된 거죠.

김은남 그런데 최근 들어 무상급식이 다시 난항을 겪는 모습입니다. 지방정부마다 예산 확보에 비상이 걸리면서 무상급식 예산을 깎는 추세예요. 얼마 전에는 김문수 경기도지사가 "인기를 얻자고 빚을 내 파티를 계속할 수는 없다"며 복지 관련 예산을 대폭 삭감하고, 무상급식에 지원하던 예산도 더는 줄 수 없다며 "교육청이 알아서 할 일"이라는 입장을 밝혀 논란이 되기도 했죠.

김상곤 안타깝고 당혹스러운 일이죠. 경기도가 살림에 쪼들려 친환경 무상급식 예산을 부담스러워하는 상황은 충분히 이해할 수 있습니다. 좀 전에 말씀드린 대로 지방세가 대폭 줄어든 데다 무상보육 등 복지 예산을 중앙정부가 지방에 떠넘기면서 지자체마다 비상이 걸린 상황이니까요. 아마 다른 지자체들도 적잖이 난감한 상황일 것입니다. 그럼에도 저는 아이들 밥상을 또다시 표적으로 삼았다는 사실이 참 안타깝습니다. 아이들 밥상을 건드리기에 앞서 무엇이 문제의 본질인지 선후를 가렸더라면 좋았을 텐데요.

어쨌거나 김문수 지사께서 관련 예산을 삭감한다 해도 경기도 무상급식 일정 자체에 큰 차질이 생길 것 같지는 않습니다. 경기도에서 지원하는 예산은 전체 무상급식 예산의 1.2~1.3% 수준이니까요. 무상급식은 교육청과 시·군 등 기초단체가 예산을 분담해 실시하고 있는 만큼 무상급식 혜택이 실질적으로 축소된다든가 하는 지역은 없을 것으로 전망하고 있습니다. 경기도 기초단체장들의 경우 소속이 새누리당이건 민주당이건 대부분 2014년에도 무상급식을 확대하겠다는 입장을 밝히고 있으니까요.

김은남 전국적으로 보더라도 기초단체장 대부분이 무상급식을 확대하겠다는 입장인 것으로 보입니다. 역시 선거를 의식한 행보일까요?

김상곤 무상급식에 대한 유권자들의 선호와 지지가 워낙 높게 나타나는 만큼 단체장들로서는 달리 선택의 여지가 없을 것으로 보입니다. 전국 17개 시·도와 시·도 교육청의 2014년 예산안을 분석한 자료를 보니, 2014년에는 전국의 거의 모든 시·도에서 초등학교 전 학년 학생에게 무상급식을 계획하고 있는 것으로 나오더라고요. 2013년까지만 해도 부산·대전·대구·울산·경북은 초등학교 일부 학년에만 무상급식을 하거나 저소득층에만 무상급식을 제공하는 선별급식을 하고 있었거든요. 그런데 부산·대전도 2014년부터는 초등학교 전 학년 학생들에게 무상급식을 제공하기로 했더군요. 그런가 하면 서울·광주·경기·충남·충북·전남·전북·제주 등은 중학교까지 무상급식을 확대하기로 했고요. 강원도는 아예 고등학교까지 무상급식을 확대하겠다고 했다가 예산이 깎여 논란을 겪고 있는 듯합니다만, 이로써 무상급식이 거스를 수 없는 대세임은 충분히 확인됐다고 봅니다. 아직 선별급식을 하는 지역은 대구·울산·경북 정도니까요.

김은남 그럼에도 선거가 끝나고 재정 상황이 계속 어려워지면 다시금 선별급식으로 돌아가자는 얘기가 나올 수도 있지 않을까요?

김상곤 글쎄요. 저는 무상급식이 퇴행할 가능성은 앞으로도 거의 없을 것이라 봅니다.

김은남 평소 신중하게 말씀하시는 스타일과 달리 굉장한 자신감을 보이시네요.

김상곤 시대적 흐름이 그렇게 가고 있으니까요. 그보다도 저는 우리 사회가 앞으로 복지 재원을 어떻게 마련할 것인가에 대해 보다 솔직한 논의가 필요할 때라고 봅니다. 보편적 복지가 필요하고 또 우리 사회가 그 방향으로 가야 한다는 데는 어느 정도 합의가 이뤄진 상태잖아요? 현 정부도 그 바탕 위에서 공약을 제시하고 국민의 동의를 얻어 집권을 하게 된 것이고요. 그렇다면 이젠 좀 더 솔직해질 필요가 있다고 봅니다. 약속은 지켜져야 하고, 그러자면 증세는 불가피합니다. 보편적 복지에 필요한 재원은 세금으로 마련할 수밖에 없습니다. 이건 우리 사회의 발전을 위해 피해갈 수 없는 과정입니다. 설령 반대하는 이들이 있다 해도 대통령이 나서 증세를 설득해야 한다고 봅니다.

폭력의 반대말은 인권과 민주주의

-학생인권조례

김은남 무상급식 못지않게 사회 전반에 뜨거운 논쟁을 일으킨 주제가 또 있었죠. 선거 과정에서 이미 공약으로 제시했고, 교육감 당선 이후 곧바로 법제화를 추진한 학생인권조례가 그것이었는데요. 학생인권조례가 이 정도로 반향을 일으킬 것이라고 처음부터 예상하셨나요?

김상곤 학생인권조례라는 개념 자체가 한국 사회에서는 낯선 것이기에 상당한 혼선과 논란이 있을 것이라는 예상은 했죠. 그렇지만 그렇게까지 전국적인 단위에서 논쟁이 불붙을 줄은 몰랐습니다. 어느 매체에서 분석한 것을 보니까, 제가 학생인권조례 초안을 발표한 2009년 12월 한 달 동안 중앙 일간지 사설에 김상곤 이름이 등장한 것이 30번이 넘었다고 해요. 유명 정치인도 단기간에 그토록 자주 지면에 등장하기는 어렵다던데, 공짜로 홍보 한번 제대로 한 셈이죠(웃음).

김은남 무상급식만 해도 찬성 여론이 훨씬 높았는데, 학생인권조례를 놓고는 찬반 양론이 팽팽했죠. 그만큼 논쟁적인 주제라는 얘기였을 텐데요.

김상곤 그런 측면 때문에 학생인권조례를 만들고 정착시키려면 충분한 사회적 공론화 과정이 필요하다고 생각했어요. 법을 제정하는 과정 자체가 학생들의 인권 현실에 대한 사회적 합의를 이끌어내는 과정이 돼야 한다고 생각했죠. 그래서 교육감에 취임하자마자 교장·교사·학부모, 그리고 인권 전문가가 함께하는 인권조례 자문위원회를 구성했어요(2009년 5월). 당사자와 전문가가 먼저 머리를 맞대보자는 거였죠. 그 뒤 여러 차례 자문단 회의와 공청회를 거친 끝에 2010년 10월 5일 마침내 학생인권조례를 공포하게 된 겁니다.

김은남 취임 초반에 이렇게 논쟁적인 주제를 전면화한 이유가 있나요? 특히 2009년 처음 당선되셨을 때만 해도 임기가 1년 2개월밖에 안 되는 상황이었잖아요. 이듬해 재선을 감안하면 정치적으로 몸을 좀 사려야 했던 것 아닌가요?

김상곤 학교를 바꾸려면 인권 문제를 짚고 넘어가야만 했으니까요. 흔히 '우리가 꿈꾸는 학교=행복한 학교'라고 말하죠. 저 또한 행복한 학교를 만들겠다며 교육감에 출마했고요. 그런데 폭력적인 환경에서 행복한 학생들이 나올 수 있나요? 체벌과 학교 폭력, 집단 따돌림이 난무하는 분위기 속에서 학생들이 행복할 수 있나요? 우리나라

연합뉴스

2010년 9월 17일 경기도의회 본회의장에서 열린 제253회 제1차 정례회의에서 '경기도 학생인권 조례안'이 재석 의원 77명 중 68명의 찬성으로 통과됐다. 한나라당 도의원들은 전원 표결에 불참했다.

어린이와 청소년이 느끼는 주관적 행복지수가 OECD 국가 중 최하위 수준이라 하죠. 그것도 2010년 이래 4년 연속 최하위라고요. 또 다른 조사를 보면 초등학생 5명 중 1명은 가출 충동, 10명 중 1명은 자살 충동을 느낀다고도 나와 있습니다. 이런 현실을 바꾸기 위해서라도 학생인권조례가 반드시 필요하다고 생각했습니다.

김은남 학교를 바꾸기 위해 학생인권조례가 필요했다?

김상곤 학교가 바뀌려면 문화가 바뀌어야 하니까요. 자유롭고 자율적인 문화, 평화와 인권을 존중하는 문화로요. 시간이 흐른다고 학생들이 자동으로 한 사람의 성숙한 시민으로 성장할까요? 그건 아니라고 봅니다. 스스로 존중받아본 사람이 남도 존중할 수 있다고 하죠. 서로 존중하고 존중받는 환경 속에서 인간의 존엄성에 대한 경험을 쌓아나간 사람만이 '행복한 인간' '평화롭게 성숙한 인간'이 될 수 있습니다. 그런 의미에서 학생인권조례는 시대적 요구이자, 공교육을 정상화하기 위한 최소한의 필요조건이기도 했습니다.

김은남 그렇지만 학생들을 미성숙한 존재로 보는 분들은 학생들에게 인권을 얘기한다는 게 시기상조가 아니냐고 우려하기도 합니다.

김상곤 저는 그런 시각이야말로 잘못된 관행 속에서 굳어진 선입견은 아닐까 생각합니다. 물론 학생들은 마땅히 보호받아야 할 존재들이죠. 그렇지만 그것과 인권은 전혀 별개의 문제입니다. 한때 여성이나 흑인에게 참정권을 주지 않던 시대도 있었습니다. 그렇지만 지금은 다들 그 시절을 야만의 시절로 기억하고 있잖아요? 역사는 결국 인간의 보편적 권리를 옹호하는 쪽으로 진보해왔습니다. 더욱이 한국 학생들만 특별히 폭력과 체벌로 다스려야 할 만큼 미성숙하다는 건 말이 안 되잖아요? 이미 세계적으로 체벌 금지를 법제화한 나라가 90여 개국에 달하는데 말입니다. 한국도 초중등교육법 같은 상위법에서 체벌 금지를 법제화했다면 교육감이 나서 굳이 학생인권조례를 만들 필요도 없었을 것입니다.

김은남 체벌 이야기를 하셨는데, 체벌은 여전히 뜨거운 쟁점인 것 같습니다. '사랑의 매' 정도는 용인해야 하지 않느냐는 옹호론도 여전히 널리 퍼져 있고요. 서울은 문용린 교육감이 취임하고 나서 체벌 관련 상담이 2배 가까이 증가했다는 보도도 있었습니다. 문 교육감의 경우 체벌은 안 된다는 입장을 여러 차례 공개적으로 밝힌 바 있죠. 그런데도 불구하고 곽노현 전 교육감 시절 만들어진 학생인권조례가 후퇴하는 조짐을 보이면서 학교 현장에서는 다시 체벌이 고개를 들고 있는 모양입니다.

김상곤 안타까운 일이죠. 여전히 체벌을 용이한 통제 수단으로 여기는 교사들이 일각에 남아 있는 모양입니다. 그렇지만 체벌은 반드시 없어져야 하고, 또 없어질 것이라 봅니다. 사회가 발전하면서 체벌은 야만적인 행위라는 인식이 점점 커질 테니까요. 말씀드린 대로 우리

보다 경제적·문화적으로 훨씬 뒤처진 나라들도 체벌 금지를 법제화하고 있는 것이 현실입니다. 본래는 사회 전반의 문화 중 학교 문화가 가장 앞서가야 하는데 우리는 오히려 저만치 뒤떨어진 채 지체되고 있는 것 같아요.

김은남 기합처럼 간접적인 체벌에 대해서는 어떻게 생각하세요?

김상곤 저는 간접적인 체벌도 금지해야 한다고 생각합니다. 2012년 서울시교육청이 학생인권조례를 공포하자 교육부가 조례 무효 확인 소송을 진행하면서 체벌 금지 조항을 문제 삼은 일이 있는데, 당시 교육부도 간접체벌을 허용하자는 건 아니었어요. 다만 단서조항을 달아 '교육적 벌(罰)'은 인정한다는 거였죠. 그런데 이 단서조항이라는 게 교육 현장에서는 자칫 잘못하면 악용될 수가 있습니다. 노무현 정부 때 교육개혁위원회에서 체벌 금지를 법제화하라고 교육부에 강력하게 요구한 적이 있었어요. 그때 교육부가 체벌은 원칙적으로 금지한다고 하면서도 '필요한 때 교육적인 목적으로 시행하는 것은 가능하다'라는 단서조항을 달았습니다. 이렇게 되면 기존의 잘못된 관행이 그대로 유지될 수밖에 없어요. 언제든 체벌을 가할 수 있는 가능성이 열려 있게 되는 셈이니까요.

김은남 '학생인권조례 때문에 교사들이 학생을 제대로 지도할 수가 없다' '교권을 침해당하는 일이 늘었다'라는 식의 불평이 교사들로부터 많이 나온다고 합니다. 어떤 선생님들은 "차라리 옛날처럼 한 대 때리고 넘어가는 게 인간적이었다. 체벌이 금지되니까 아이들한테 냉담해지거나 벌점을 남발하게 된다"라고 말씀하시기도 하더군요.

김상곤 사실 그런 말을 들을 땐 가슴이 답답하기도 합니다. 학생인권조례 때문에 교실이 엉망이 되고 교권이 무너졌다고요? '교실 붕괴' '학교 붕괴'는 이미 1990년대부터 공공연하게 나오기 시작한 얘깁니다. 이걸 바로잡아보겠다고 정부가 여러 가지 조처를 내놓았지만 상황이 좋아지기는커녕 계속 악화되었던 거죠. 그렇다면 학생을 지도하고 교육하는 방식 자체를 근본에서부터 재검토할 필요가 있는 것 아닐까요? 그래서 학생인권조례를 얘기한 거고요.

물론 선생님들께서 이전에 비해 아이들을 다루기가 쉽지 않아진 측면은 있을 것입니다. 개연성이 전혀 없는 얘기라고는 보지 않습니다. 하지만 체벌로 교사의 권위를 세우거나 수업 분위기를 잡던 시절은 지났습니다. 이제는 새로운 시대에 걸맞은 교권이 필요하다고 생각합니다.

김은남 새로운 시대에 걸맞은 교권이라, 무슨 뜻인가요?

김상곤 구시대의 교권이 학생들을 통제하기 위한 수단이었다면, 새 시대의 교권은 탈(脫)권위의 교권, 소통의 교권이랄까요? 최근에 어느 교육 전문지에서 재미있는 글을 읽었어요. 경기도 안산의 한 고등학교에 근무하는 여선생님이 쓴 글이었는데, 이 선생님이 얼마 전까지는 다른 지역에서 근무를 하셨대요. 그런데 그 학교에서는 체벌하지 않고, 두발 검사나 복장 검사를 적당히 넘어가주는 것만으로도 '나름 괜찮은 교사', 학생들에게 인정받는 교사가 될 수 있었다는 거예요. 거기는 학생인권조례가 시행되지 않은 지역이었으니까요. 그런데 경기도로 전근한 뒤 이 선생님이 고민에 빠졌답니다. 그 전에는 사적으로 재량껏 학생들에게 보장해줬던 권리들이 경기도에서는 이미 제도적으로 보장되고 있었으니까요. 그러면서 이 선생님이 이렇게 쓰셨어요. "이제는 폭력적으로 박탈된 권리의 일부를 보장해준다는 이유로 학생들의 호감을 얻는 것은 사실상 불가능해졌다. 하지만 이는 교사인 나와 학생들의 권력 사이에 차이가 크게 줄었다는 것이고, 따라서 보다 대등한 입장에서 학생들과 민주적 교실을 만들어나갈 수 있음을 의미하기도 했다"라고요(《오늘의 교육》 2013년 9월호). 이런 식으로 발상의 전환을 하는 선생님들, 새로운 교권을 고민하는 선생님들이 늘고 있다는 게 저로서는 참 고무적입니다.

김은남 그러고 보니 학생인권조례를 공표하기에 앞서 교권보호헌장이라는 걸 만드셨더군요. 이걸 먼저 만든 이유가 있나요?

김상곤 학생인권조례를 공표하기 6개월 전인 2010년 4월 교권보호헌장을 제정·공포했죠. 교권보호헌장은 학생인권조례와 달리 도 의회 비준 절차를 거치지 않았는데요. 무엇보다 교사가 교사로서의 역할을 제대로 할 수 있게끔 교권을 명확히 규정하고, 교사들을 지원할 필요가 있다는 생각에서 교권보호헌장 제정을 서두르게 됐습니다. 그 뒤 교권보호지원센터도 열었어요. 경기도에서도 흡연 단속을 하던 교사가 학생에게 폭행을 당하는가 하면, 학교를 찾아온 학부모의 폭언과 난동으로 교사가 의식을 잃는 사건이 발생했거든요. 이런 교권침해 사안이 발생하면 교권보호지원센터가 나서 즉시 현장조사나 맞춤형 상담을 벌이고, 교사가 육체적·정신적 피해를 입었을 때는 이에 대한 적절한 치료를 받을 수 있게끔 돕습니다. 법적 조치가 필요한 경우에는 법률 자문과 상담도 제공하고요.

김은남 요즘은 다른 지역에도 교권보호지원센터가 만들어졌죠. 최근 서울의 한 중학교 입학식에 갔다가 교권보호지원센터에 대한 설명을 듣게 됐는데, 뭐랄까요. 약간은 협박을 당하는 듯한 느낌도 받았습니다. "학생이건 학부모건 교사한테 함부로 대들었다가는 본때를 보여주겠다"라는 식의 선전포고로 들렸다고나 할까요? 요즘 교사를 폭행하는 학생과 학부모가 증가하는 등 학교 상황이 열악해지고 있는 현실은 이해하지만 교권이 지나치게 협소하게, 방어적으로 해석되고 있는 것은 아닐까 하는 아쉬움도 있습니다.

김상곤 교권의 의미가 현재와 미래 한국 사회에 맞게 재해석되고 재정립돼야 한다는 생각이 듭니다. 옛날에는 '군사부일체'며 '스승의 그림자도 밟지 않는다'는 말이 통용됐죠. 그렇지만 지금은 교육의 공동 주체 중 하나로서 교사가 자기 역할을 성실히 수행하는 데 필요한 권리 중 하나가 교권이라는 생각이 듭니다. 교권뿐만이 아닙니다. 경기도의 경우 교권보호헌장·학생인권조례·학부모조례를 통해 교육의 세 주체 곧 교사·학생·학부모의 권리와 역할을 각각 명시하고 있어요. 이들 삼자가 자기 권리만 내세우면서 집단 이기주의화하면 서로 부딪칠 수밖에 없을 거예요. 사실 요즘 아이들이 과거에 비해 자기주장이 강한 측면이 있잖아요. 학부모도 그렇죠. 자기 아이가 작은 불이익이라도 당할까, 전전긍긍하는 부모들이 많습니다. 이러니 교사나 학교도 갈수록 방어적이 되어가고요. 이래서는 학교나 교육이 제 역할을 할 수가 없습니다. 그런 만큼 각자 개개인의 권리 주장을 넘어 교육 그 자체를 보호하는 합의점을 도출해나가려는 노력을 해야 한다고 봅니다. 교권·학생인권·학부모권 공히 권리와 더불어 책임을 생각하는 자세를 가져야 한다고나 할까요? 학생이 자기 권리를 주장하는 것도 중요하지만 다른 한편에 책임과 의무도 있다는 것을 교육을 통해 강조하고, 교사 또한 본인의 권리를 존중받기 위해서라도 학생의 권리를 존중해야 한다는 것을 알아야 합니다.

김은남 교육 그 자체를 보호하는 권리와 책임이라…… 쉽지 않은 개념이네요.

김상곤 이를테면 이런 겁니다. 수업 시간에 떠든다거나 수업을 방해하는 학생들에 대해서는 교사가 단호하게 대처해야죠. 그것은 다른

경기도교육청

2012년 9월 21일 교권보호지원센터 개소식에서 축사를 하는 김상곤 경기도 교육감.

학생들의 수업권을 침해하는 행위니까요. 문제를 저지른 학생 또한 남들의 권리를 침해한 만큼 벌을 받고 교사의 정당한 교육적 지도를 따라야 합니다. 다만 이 과정이 민주적 절차에 의거해야 하고, 학생이 그런 행동을 하게 된 원인을 세심하게 살피는 배려와 소통이 필요하다는 겁니다.

김은남 이번엔 학교 폭력 얘기를 해보겠습니다. 요즘 가장 심각한 교육 문제 중 하나가 학교 폭력이죠. 학생인권조례가 만들어진 지역이건 그렇지 않은 지역이건, 교사가 학생을 때리는 체벌은 전반적으로 감소하는 것 같습니다. 반면 학교 폭력은 갈수록 증가하는 추세입니다. 학교 폭력에 시달리던 피해자가 극단적인 선택을 하는 비극적인 일들도 끊이지 않습니다.

김상곤 안타깝고 비통한 일이죠. 특히 2012년에는 학교 폭력 관련 수치가 유례없이 큰 폭으로 증가했습니다. 2011년 12월 대구의 한 중학생이 동학년생들의 폭력에 시달리다 자살한 사건을 계기로 학교 폭력 문제가 수면 위로 올라오면서 신고 건수가 크게 늘었기 때문인 것으로 보입니다(교육부에 따르면 2012년 학교 폭력 심의건수는 청소년 1만 명당 30.4건에 달했다. 가해 학생은 56.7명, 피해 학생은 50.7명이었다). 경기도의 경우도 학교 폭력으로 형사소추되는 과정에서 구속당한 학생이 3배 정도 늘었습니다.

김은남 최근에는 경찰에 일단 학교 폭력 사건이 접수되면 무조건 형사 처리를 하는 것으로 알고 있습니다. 과거에는 훈방 조처도 하곤 했는데 말이죠.

김상곤 그 때문에 형사 처리된 학생 수가 더 늘었죠. 그밖에도 학교 폭력에 대해 강력한 조처가 이뤄지게끔 여러 제도가 도입됐습니다. 대표적인 게 폭력 사실의 학교생활기록부(학생부) 기재죠. 일단 폭력 신고가 접수돼 학교 차원에서 학교폭력대책자치위원회(학폭위)가 열리고 나면 가해 학생의 경우 이 사실이 학생부에 기재되는 것은 물론 졸업 이후까지 기록이 남게 되었습니다. 여기서 그치지 않고 피해 학생이 민·형사상 소송까지 제기하는 일도 종종 발생하고 있고요.

김은남 심지어 요즘 학교 현관 같은 데 그 학교를 담당하는 경찰관 사진과 연락처가 붙어 있기도 하더군요. 총기 사고가 잦은 미국에서나 벌어질 법한 일들을 한국에서 보게 되니 조금 얼떨떨하기도 했습니다.

김상곤 학교 폭력에 경찰력이 이전보다 폭넓게 개입한다고 봐야겠죠. 경기도의 경우에도 경기지방경찰청에서 학교 담당 경찰관을 지정하고 있습니다. 다만 학교에 상주하는 것은 아니고, 필요할 때 요청하면 학교에 와 관찰하고 조사하는 정도입니다. 경찰 쪽은 더 적극적으로 학교에 개입하고 싶어 합니다만, 교육청이나 교장 선생님들이 그런 방식이 좋은 것 같지 않다고 경찰청에 입장을 전달했어요.

김은남 학폭위로 일단 사건이 넘어가면 교사들도 방관자의 태도를 보이는 경향이 있더군요. 과거 같으면 어떻게든 교장·교감이나 담임교사가 나서 가해 학생과 피해 학생, 가해 부모와 피해 부모를 화해시키려 애썼을 텐데 요즘은 그런 모습을 찾아보기 어렵다는 얘기를 많이 듣습니다.

김상곤 요즘은 학생들 간의 사소한 말다툼도 폭력으로 비화돼 학폭위에 넘어가는 일이 있으니까요. 옛날 같으면 그냥 툭툭 털고 넘어갔을 일도 정식 사건으로 회부되다 보니 다들 꼬투리를 잡힐까 봐 몸조심하는 분위기랄까요? 이렇게 과잉 방어를 하게 되면서 학교 사회가 더 건조해지는 측면이 있는 것 같습니다. 더 안타까운 것은 학교가 내부 소통을 통한 갈등 조정 기능을 갈수록 잃어버리고 있다는 거예요.

김은남 일단 학폭위에 회부된 가해 학생은 가해 행위의 경중을 떠나 전학을 보내거나 자퇴를 종용하는 식으로 일을 처리하는 경향이 있다고 들었습니다. 뭐랄까요. 가해 학생을 따끔히 교육시켜 개과천선시키기보다 일단 '골치 아픈 놈, 찍어내고 보자'는 식이라고나 할까요?

김상곤 그런 게 문제라는 겁니다. 특히 학교 폭력의 경우 가해자와 피해자가 혼재돼 나타나는 양상이 있어요. 피해자로 당하고 살던 학생이 다른 학생을 가해하는 일도 생기고요. 이렇게 가해자와 피해자 구별이 어려운 상황이라면 이걸 교육적으로 풀어내면서 두 사람의 관계, 그리고 주변 친구들과의 관계를 회복시키는 게 중요합니다. 그런데 지금처럼 문제 학생을 계속해서 배제시키는 방향으로 가다 보면 학교가 가진 교육력의 상당 부분을 포기해야 하는 부작용이 생겨날 수도 있어요.

김은남 그렇지만 잘못을 저질렀으면 당연히 처벌을 받아야 하는 것 아닌가요? 아무리 어린 나이라 하더라도요.

김상곤 문제는 처벌이 엄격해진다고 학교 폭력이 줄지는 않더라는 겁니다. 오히려 갈등이 증폭된 측면도 있어요. 가해 학생들의 경우 자신이 받은 처벌이 너무 가혹하다고 생각하면 교육청에 행정심판을 청구할 수 있는데, 이렇게 접수된 행정심판 건수가 2010년 0건에서 2012년 29건, 2013년 12월 6일 기준 48건으로 계속해서 늘고 있어요. 학생부에 낙인이 남아 평생 불이익을 받을 수도 있겠다는 생각에 어떻게든 처벌 수위를 낮춰보려는 거죠. 그런가 하면 학폭위에서 사건을 경미하게 다뤄달라며 가해자와 피해자 간에 불미스런 거래가 오가는 일도 발생하고 있는 모양입니다. 학교 폭력 대책 자체가 워낙 엄벌주의로 흐르다 보니 비합리적이고도 비효율적인 일들이 벌어지고 있는 셈입니다.

김은남 엄벌주의를 강화한다고 학교 폭력이 줄어드는 건 아니다, 이런 말씀인가요?

김상곤 엄벌주의라는 게 어떻게 보면 가장 돈 안 들이고 쓸 수 있는 정책이잖아요. 정권 입장에서 볼 때 분노한 대중을 달래는 데 이만큼 효과적이면서 즉자적인 정책도 없죠. 그런데 중요한 것은 이게 과연 폭력을 줄이는 데 효과가 있느냐 하는 것입니다. 학자들이 연구한 결과를 보면 대체로 이렇습니다. 엄벌주의가 당장은 효과가 있는데, 중장기적으로는 오히려 사회적 비용을 더 증가시키는 경향이 있다는 거죠. 한 예로 미국 같은 경우 최근 10년간 강력범죄 발생률을 따져봤을 때 사형제도를 인정하지 않는 주(州)에 비해 사형제도를 시행하는 주의 범죄 발생률이 30~40%가량 높다는 통계치가 발표되었습니다. 성(性) 폭행범에 대해 물리적·화학적 거세를 실시하는 것도 일종의 엄벌주의라 할 수 있을 텐데요. 미국의 경우 물리적·화학적 거세를 하는 대표적인 주가 플로리다 주와 텍사스 주라고 해요. 그런데 이들 지역의 경우에도 최근 5년간 성 범죄가 각각 74%, 47% 증가했다는 거죠. 미국 사회에 폭력이 난무하는 게 결국 사회안전망이 흐트러지고 사회 통합이 약해져서 그런 것 아니겠습니까? 그런데 이런 근본 원인은 놔둔 채 엄벌주의만 강화하니 오히려 범죄가 더 늘어나는 악순환이 계속되는 거죠.

김은남 그렇다면 어떻게 해야 폭력을 줄일 수 있다고 보십니까?

김상곤 저는 2011년 7월 노르웨이의 오슬로 우토야 섬에서 발생한 테러 사건을 접하면서 많은 생각을 했습니다. 당시 노동당 청소년 캠프에 참가한 청소년들을 겨냥한 테러로 무려 69명의 무고한 사람들이 사망했죠. 사건 직후 이게 국제 테러조직의 소행이라는 둥 아랍계 이민자가 벌인 짓이라는 둥 별별 추측이 난무했습니다. 그런데 알고 보니 멀쩡한 노르웨이 사람이 저지른 범죄였죠. 이로 인해 온 국민이 충격과 비탄에 빠져 있을 때 얀스 스톨텐베르크 총리가 이런 말을 합니다. "우리의 대응은 더 많은 민주주의와 더 많은 개방성, 그리고 더 많은 인간애"라고요. 응징과 처벌은 테러를 막을 근본적 대책이 될 수 없으며, 자신들은 민주주의를 더 발전시킴으로써 폭력을 예방하고 해소해나가겠다고 밝힌 것이죠. 당시 총리가 이 발언을 한 것이 희생자들의 장례를 치르는 장례식장에서였습니다. 놀랍지 않습니까? 우리라면 분노한 대중 앞에서 정치인이 이런 발언을 한다는 것은 상상할 수도 없을 것입니다. 심지어 테러범은 지금도 자기 죄를 반성하지 않고 있다더군요. 그럼에도 노르웨이가 이를 분노로 처리하지 않는 것은, 분노가 장기적으로 폭력을 줄이는 방식이 되기는 어렵다고 보았기 때문일 것입니다. 노르웨이는 오늘날 세계에서 범죄율이 가장 낮은 편에 속하는 나라이기도 하죠.

김은남 결국 학교 폭력도 이런 방향으로 대처해야 한다는 건가요? '더 많은 민주주의, 더 많은 개방성, 더 많은 인간애'로요?

김상곤 결코 쉽지 않다는 건 압니다. 그렇지만 쉽게 가는 방식을 선택해서 제대로 성과가 나는 것을 본 일이 없습니다. 교육은 더더욱 그렇습니다. 더디 가더라도 원칙을 지키면서 가는 게 맞다고 봅니다. 제가 2013년 신년사에서 '회복 탄력성'이라는 개념을 언급했는데요. 회복 탄력성이란 어떤 불행한 일이나 역경으로 바닥까지 떨어져도 다시 원상을 회복하는 마음의 힘을 의미하는 심리학 용어입니다. 그런데 회복 탄력성을 연구한 학자들에 따르면, 극단적으로 나쁜 환경 속에서도 좌절하지 않고 꿋꿋이 훌륭하게 커가는 아이들에게는 한 가지 공통점이 있다고 합니다. 성장 과정에 아이의 입장을 무조건 이해하고 받아주는 어른이 적어도 한 명 이상은 있더라는 거죠. 교육은 이처럼 한 아이가 가진 가능성을 믿는 데서부터 출발한다고 저는 생각합니다. 테레사 수녀님도 이런 말을 했죠. "이 세상에는 배가 고파 굶어죽는 사람보다 사랑을 못 받아 죽는 사람이 더 많다"고요. 아무리 나쁜 환경에 처한 아이라도 사랑을 받으면 훌륭하게 성장할 수 있다고 저는 봅니다. 큰 사랑이 어려운 환경을 극복하게 해주니까요. 이것이 교육의 존재 이유이기도 합니다. 가해 학생이든 피해 학생이든 여기서 예외가 되어서는 안 됩니다. 교육은 어떤 경우에도 포기하지 말고 학생들을 품는 기조로 나아가야 합니다.

김은남 그렇지만 일단 잘못한 행위에 대해서는 학생이라도 분명한 책임을 지는 것이 맞다, 이런 여론이 강력했기에 폭력 행위를 학생부에 기재하자는 안도 나온 것 아니겠습니까? 그런데 김상곤 교육감께서는 여기에 반대하셨죠? 다른 진보 교육감들도 마찬가지고요.

김상곤 물론 학생들도 잘못된 행동에는 분명한 책임을 져야죠. 그렇지만 책임에도 경중이 있어야 하고, 교육적 장치가 있어야 한다는 겁니다. 저는 무엇보다 이 대책이 학생들의 인권을 지나치게 침해할 가능성이 높다고 보았습니다. 만약 가해 학생이 깊이 반성하고 행동에 변화를 일으켰을 때는 가해 사실 기록 자체를 삭제할 수 있어야죠. 청소년은 기본적으로 변화하고 발전할 수 있는 가능성을 지닌 존재니까요. 이런 가능성을 외면하고 학생들을 '범죄'와 '전과'로만 처리하려 든다면 그건 학교가 교육을 포기하는 거나 마찬가지라고 생각했습니다.

더욱이 교육부가 내놓은 학생부 기재 방침은 위헌적인 요소도 있었습니다. 이게 2011년 12월 대구 중학생 자살사건이 일어나고 학교 폭력이 전국적인 이슈가 되다 보니 그 이듬해 2월 교육부가 이른바 종합대책이란 이름으로 발표한 대책 중 하나거든요. 이렇게 짧은 시간에 대책을 내놓다 보니 다른 관련법과의 관계를 제대로 검토하지 못한 부분이 있었습니다. 그해 6월 국가인권위원회도 교육부 방침에 인권 침해적 요소가 있다고 지적했죠. 가해 기록을 남긴다 하더라도 사안의 경중을 따져야 하고, 졸업 전 삭제나 재학 중 중간 삭제가 가능토록 해야 한다고요. 그런데 교육부는 인권위의 이런 권고도 무시한 채 일을 밀어붙였습니다. 그러고는 직무이행 명령에 불응하는 경기도교육청과 학교들을 상대로 특별감사를 실시했죠. 보통 교육부 특별감사라는 게 비리 사건이 터지거나 했을 때 받게 되는 것이거든요. 우리처럼 정책 문제로 감사를 받은 것은 굉장히 예외적인 일이라는 얘기를 들었습니다.

김은남 일종의 보복감사를 당한 셈이군요.

김상곤 덕분에 퇴근도 못한 채 교육청 제 집무실에서 2주가량을 먹고 잤죠.

김은남 교육부에 맞서 농성을 벌이신 건가요?

2011년 12월 31일 대구 중학생 자살 사건의 가해 학생(가운데)이 영장실질 심사를 받기 위해 대구지방법원으로 들어가고 있다.

김상곤 농성은 아니고요, 철야 비상근무를 했다는 정도로 이해해주시면 될 것 같습니다(웃음).

김은남 그런데 당시 상황을 보면 교육부 방침에 대한 지지 여론이 상당히 높은 편이었어요. 학교 폭력에 대한 사회적 공분이 워낙 강했으니까요. 이로 인해 진보 교육감들이 욕도 상당히 얻어먹은 것으로 기억하고 있습니다. '당신들이 피해자 심정을 아느냐' '너무 나이브하다' 뭐 그런 비판들이 많았죠.

김상곤 저도 아이들을 키우는 부모입니다. 전들 왜 피해자나 피해 부모가 안타깝지 않겠습니까? 그분들 입장에서야 학생부 기재가 아니라 그보다 더한 것도 요구할 수밖에 없음을 충분히 이해합니다. 그래서 한동안 고민하고 또 고민했죠. 그렇지만 최종적으로 '이건 아니다'라는 결론을 내렸습니다. 저는 교육을 책임진 교육감이잖아요. 학교 폭력 문제에 대해 폭력적으로 대응하는 교육부의 과오가 뻔히 보이는데, 이를 눈감고 넘어갈 수는 없었습니다.

김은남 인기가 떨어진다 해도 할 말은 해야겠다는 심정이었다는 건가요?

김상곤 만약 교육부 방침에 찬성하거나 침묵한다면 제가 교육감이 된 뒤 일관되게 외쳐온 인권의 가치를 더는 외칠 수 없는 딜레마에 빠졌을 테니까요. 실제로 교육부 방침은 그 뒤 네 차례에 걸쳐 수정됐습니다. 소년법 등 기존 법령과 충돌하는 지점들이 있었기 때문이죠. 교육부 안이 그만큼 졸속으로 만들어졌다는 얘깁니다.

김은남 어쨌거나 이 일로 인해 진보 교육감들이 입은 타격은 지금도 계속되고 있습니다. 얼마 전에는 가해 사실을 학생부에 기재하라는 명령에 불응한 시·도 교육청 공무원들을 교육부 권한으로 징계할 수 있다는 헌법재판소의 판결이 나오기도 했죠(2013년 12월 26일).

김상곤 경기도교육청도 이와 관련해 소송 3가지를 진행 중인데요, 일단은 좀 더 지켜봐야 할 것 같습니다. 헌법재판소가 판단한 것은 교육감 명령을 따른 교육청 소속 공무원들을 교육부가 과연 징계할 수 있느냐는 '권한의 소재'에 대한 것이었으니까요. 징계 자체가 정당하게 행사됐느냐는 별개의 사안인 만큼 법원 판단이 어떻게 나올지 기다려야 할 것 같습니다.

김은남 주제를 좀 바꿔, 이번에는 엄벌이 아닌 다른 방식으로 학교 폭력을 줄일 수 있을지에 대해 얘기해보죠. 최근에는 가칭 '인성교육법'을 만들자는 얘기도 나옵니다. 실제로 국회에서 입법화가 추진되고 있고, 2014년부터는 전국 초·중·고에서 인성교육이 의무화된다고도 하던데요. 이렇게 인성교육을 강화하면 학교 폭력이 줄어들 수 있을까요?

김상곤 그건 입법으로 해결될 문제는 아닌 것 같고, 결국에는 학교 문화가 바뀌어야 한다고 봅니다. 경기도는 2009년부터 존중·배려·나눔을 기르는 민주적인 학교 문화를 강조하고 있는데, 존중·배려·나눔을 기르는 과정에서 인성 또한 자연스럽게 형성될 수 있다고 봅니다. 그러려면 일단은 학교 공동체가 살아 움직이게끔 만들어야 합니다. 교사·학생·학부모가 제 역할을 하는 학교, 그러니까 학생 자치가 살아 있고, 교사와 학생이 서로를 존중하며, 학부모가 학교 활동에 건강하게 참여하는 학교일수록 학교 폭력이 줄어드는 경향이 있어요.

김은남 자치가 살아 있는 학교일수록 학교 폭력이 줄어든다, 그것은 또 무슨 뜻인가요?

김상곤 경기도의 한 고등학교에서 남학생 하나가 우발적으로 동급생에게 폭력을 휘두른 사건이 있었습니다. 보통 이런 일이 벌어지면 학폭위에 곧바로 회부되죠. 이 학교에서도 처음에는 그런 절차를 밟으려 했던 모양입니다. 그런데 같은 학년 학생들이 나선 거예요. 자기들이 한번 문제를 해결해보겠다면서요. 그러면서 이 학생들이 별도로 자치위원회를 구성해 가해 학생과 피해 학생을 따로 만났다고 합니다. 그렇게 내부 조사와 토론을 벌인 결과 가해 학생이 피해 학생에게 공개사과를 해야 한다는 결론을 내렸다는 거예요. 그런데 가해 학생 태도가 너무 완강했던 모양입니다. 자기는 죽어도 사과를 못하겠다고 버텼대요. 그런데도 학생들은 포기하지 않았습니다. 오히려 가해 학생에게 모든 학생들이 편지를 쓰기로 했다는군요. 그러고는 가해 학생 앞에서 그 편지를 낭독했다고 합니다. 결과가 어땠을까요? 가해 학생이 편지 내용을 듣다 결국 엉엉 울어버리고 말았다더군요. 옆에 있던 학생들도 다 함께 울면서 눈물바다가 되었고요. 사건은 결국 가해 학생이 피해 학생에게 공개적으로 사과하고, 피해 학생도 가해 학생을 용서하는 것으로 끝났다고 합니다. 참 꿈같은 얘기죠? 하지만 불가능한 얘기가 아닙니다. 학교에 무슨 문제가 발생했을 때 학생들 스스로 해결할 능력이 있다는 걸 저는 이 학교 사례가 잘 보여준다고 생각합니다. 흔히 학생들이 자기 혼자 살아남기에 바빠 옆에 있는 친구한테도 눈을 못 돌린다고 하는데, 이런 과정을 통해 학생들이 성장할 수 있다면 이것이야말로 올바른 성장 아닐까요?

김은남 그렇지만 학생 자치라는 게 말 그대로 그림의 떡인 학교가 너무 많죠.

김상곤 학생 자치가 현실화되는 날은 일 년에 딱 하루라는 우스갯소리도 있죠. 체육대회 앞두고 반 티셔츠 맞출 때만 학생들의 의견이 받아들여진다고요(웃음).

김은남 얼마 전 경기도 성남에 있는 복정고등학교를 방문할 기회가 있었습니다. 전국 최초로 학생·교사·학부모가 협동조합을 만들어 학교 매점을 운영하게 된 학교인데, 이 작업을 주도한 고등학생들이 그런 말을 하더군요. 학생들이 직접 토론과 투표를 통해 매점 운영 방식이나 매점에서 팔 물건을 하나하나 정해가는 게 굉장히 신기한 경험이었다고요. 학생들 스스로도 자치를 통해 성장하는 체험을 한 거죠.

김상곤 학생자치활동을 장려해도 처음엔 학생들이 관심 없다는 듯한 반응을 보입니다. 이제까진 학생들이 아무리 떠들어봤자 결국 담임 선생님이나 교장 선생님이 모든 걸 결정하는 구조였으니까요. 그렇지만 자기들 손으로 뭔가를 직접 바꿔보는 경험을 하고 나면 학생들이 눈빛부터 달라집니다. 이렇게 학생들이 자존감과 자신감을 회복하게 되면 학생들 간의 관계, 나아가 선생님과의 관계도 좋아집니다. 결과적으로는 학교 폭력도 줄어듭니다. 본래 폭력이라는 게 내적 분노를 표출한 거라고 하잖아요? 그게 외부로 표출되면 타인에 대한 폭력이 되고, 내부로 표출되면 자신에 대한 폭력이 되어 심하면 우울증이나 자살로 나타나게 된다고요. 그런 만큼 소통이 막히고 불만이 쌓여 있는 학교에서는 극단적으로 '욱'한 상태에서 발생하는 폭력이 증가하게 되는 것 같습니다. 반대로 소통이 원활한 학교에서는 상대적으로 욕구불만이 적게 나타나면서 욕설과 폭력이 사라지는 경향을 보이고요.

김은남 공교롭게도 얼마 전엔 진보 교육감이 있는 지역의 학교 폭력 비율이 다른 지역에 비해 낮다는 보도가 나왔더군요(정진후 정의당 의원은 교육부가 제출한 '2013년 상반기 학교 폭력 현황 비율'을 토대로 전국 17개 시·도별 학교 폭력 발생 현황을 분석한 결과, 진보 교육감이 활동하거나 활동했던 강원·경기·광주·전남·전북·서울 6개 지역의 경우 2012년에 비해 초중고 학교 폭력 심의건수가 29.8% 줄었다고 밝혔다. 이에 비해 나머지 11개 지역은 학교 폭력 심의건수가 7.1% 감소한 데 불과했다).

김상곤 경기도의 경우도 실제로 학교 폭력이 많이 줄어든 것으로 나옵니다. 이게 응답률에 따라 조사 결과가 많이 달라지거든요. 경기도 같은 경우는 2012년에 비해 2013년 응답률이 훨씬 높아졌습니다. 그런데도 피해 학생 비율이 7.9%에서 1.8%로 급감한 것으로 나타났어요. 가해 학생 비율도 4.0%에서 0.9%로 줄어들었고요. 다만 아쉬운 것은 자살을 완전히 없애지 못했다는 건데요. 그래도 과거에 비하면 자살률도 많이 줄었습니다. 많을 때는 1년에 40명 수준이었다고 하는데, 지금은 23~24명 수준으로 줄었어요.

김은남 통계가 나온 뒤 궁금해서 서울의 한 혁신학교 교사한테 물어봤어요. 실제로 학교 폭력이 좀 줄었느냐고요. 그랬더니 "당연하죠. 학교에서 학생들이 평소에 하고 싶은 말 다 하고 사는데 스트레스 쌓일 일이 있겠어요?" 이렇게 반문하더라고요.

김상곤 일리가 있는 얘깁니다. 그것이 자치의 힘, 민주주의의 힘이겠죠. 그런데 스트레스가 쌓이지 않는 건 혁신학교 교사도 마찬가지일 걸요? 교장 선생님에게 하고 싶은 말을 다 하고 사니까요(웃음). 오늘날 경기도 학교 전반이 자치 문화를 발전시키려 노력하고 있습니다만, 특히나 혁신학교의 경우 학생 자치를 더욱더 적극적으로 권장하는 편입니다. 학칙을 개정할 때면 학생들의 의견을 지속적으로 수렴하고요, 학생들이 지켜야 할 생활규칙을 정할 때도 학생들 스스로 토론을 통해 이를 결정하게 하죠. 이를테면 학생인권조례에 따라 두발 길이는 제한할 수 없게 됐지만 염색이나 퍼머 여부, 액세서리 착용 여부 등 세부사항은 학교별로 정하게 했거든요. 그런데 학생들한테 이런 결정을 직접 할 수 있게 맡겨두면 학교가 '이렇게 하라, 저렇게 하라' 하는 것보다 훨씬 더 규칙이 잘 지켜진다고 합니다. 그래서 어떤 학교들은 수학여행이나 체험학습 계획도 학생들이 직접 세우도록 독려한다고 해요. 이런 경험이 쌓이면 학생들도 자신감이 생기고, 학교생활에도 더 애정을 갖게 되니까요.

학교 폭력 문제에 대처하는 것도 마찬가지입니다. 아까 동학년 학생들이 학교 폭력 사건에 중재를 선 사례를 말씀드렸는데요. 몇몇 학교의 경우 이런 식의 '또래 중재인 제도'를 적극적으로 도입하고 있어요. 학생 예닐곱 명이 중재인 그룹을 형성한 다음 학교 폭력이나 그 밖의 다른 문제로 갈등을 빚는 친구들에게 접근해 각자의 얘기를 들어보고 조정하는 역할을 하는 거죠.

김은남 선생님이나 상담교사가 아니라 또래가 나선다고요?

김상곤 가해 학생이건 피해 학생이건 아무래도 또래 친구한테 좀 더 속 깊은 얘기를 할 수 있을 테니까요. 이 학생들이 중심이 돼 학생자치법정을 여는 학교도 있어요. 가령 학교 폭력 사건이 발생하면 자치법정을 열어 가해 학생과 피해 학생을 출석시킨 다음 각자의 얘기를 들어보고 최종 판단을 내리는 거죠. 여기서 또래들이 누구는 검사를 맡아 사건을 기소하고, 누구는 변호사를 맡아 가해 학생을 변호하는 역할을 하면서 특정 사안에 대해 다각적으로 판단해보는 기회를 갖는 거죠.

김은남 하지만 또래들의 중재만으로 학교 폭력 문제를 다루는 데는 한계가 있지 않을까요?

김상곤 그래서 2013년부터는 학교마다 학교 폭력 전담기구라는 중재기구를 두게끔 했어요. 교사·학부모·전문가들로 구성된 중재기구를 만든 다음, 문제가 발생하면 여기서 먼저 나서 피해자와 가해자 측 얘기를 들어보고 적정한 수준에서 관계를 회복시키려는 노력을 해보게끔 했죠. 여기에서도 화해가 안 되면 학폭위로 사안이 넘어가는 거고요. 중재기구에 대해서는 학교 현장의 반응이 꽤 좋은 편입니다. 경기도에서 처음 시작했는데, 지금은 거의 전국으로 확대되었어요.

김은남 학폭위가 열리게 되면 어쨌거나 기록이 남는다는 부담감 때문에 그런 건가요?

김상곤 그런 측면도 있겠지만 저는 '회복적 정의(restorative justice)' 차원에서도 이런 중재 절차가 필요하다고 봅니다. 우리가 궁극적으로 목표하는 게 응징과 처벌은 아니잖아요. 그보다는 아이들이 원래의 자리로 돌아가게 만드는 게 중요하죠.

김은남 '회복적 정의'라는 쉽지 않은 표현을 쓰셨는데요. 구체적으로 뭘 말하는 거죠?

김상곤 보통 학교 폭력이 발생했을 때 피해자들은 큰 상처를 입게 됩니다. 가해자를 엄벌에 처한다고 그 상처가 없어지는 건 아닙니다. 보통 피해자한테 뭘 원하냐고 물었을 때 가장 많이 얘기하는 게 '가해자의 진심 어린 사과'죠. 가해자가 진심으로 자신의 행동을 뉘우치고 용서를 구할 때 피해자는 마음의 평정을 되찾고 이전의 생활로 돌아갈 수 있습니다. 그런데 지금 우리가 학교 폭력에 대처하는 방식은 그와 다르죠. 일단 엄벌부터 하려 드니 가해 학생들이 자신의 잘못된 생각과 행동을 변명하는 데 급급합니다. 피해자의 상처를 이해하기는커녕 자칫하면 이것이 2차 가해로 이어지기도 합니다. 이래서는 안 된다는 것입니다.

김은남 가해자가 진심으로 사과하지 않는 한 피해자들이 원 상태로 돌아갈 수 없다는 말씀을 하셨는데요. 실제로 취재 현장에서 보면 이 때문에 고통 받는 피해자나 피해자 가족들이 너무 많은 것 같습니다. 역사를 돌이켜봐도 그렇고요. '회복적 정의'라는 개념을 제창한 하워드 제어 교수(미국 이스턴메노나이트 대학)는 피해자들이 범죄를 겪으면서 세상에 대한 믿음 자체를 잃어버리게 된다고 설명하더군요(《회복적 정의란 무엇인가》). '세상은 질서 있게 돌아가는 공간이라는 믿음' 그리고 '사람은 누구나 자율적으로 자신의 운명을 결정할 수 있다는 믿음' 이 두 가지 믿음이 무너지면서 삶이 황폐해진다고요. 그런 만큼 피해자가 본래의 삶의 자리를 되찾으려면 자아를 회복하고 정의가 실현되는 경험을 할 필요가 있다는 거죠.

김상곤 그래서 학교 폭력을 해결하는 데도 회복적 정의가 필요하다는 것입니다. 피해자를 제자리로 돌려놓기 위해 가해자와 피해자의 관계를 협력적으로 해소할 필요가 있다는 거죠. 경기도교육청은 이를 위해 가해자와 피해자를 위한 힐링 프로그램을 따로 운영하고 있습니다. 가해 학생의 경우는 학부모와 함께 이 프로그램에 참여하면서 자신의 잘못을 돌아보게 하고, 피해 학생에게는 심리적 안정감을 심어주려는 겁니다. 특히 피해 학생이 참여하는 프로그램을 '어울림 한마당'이라 부르는데, 피해 학생의 경우 자칫하면 또 다른 피해 의식을 갖게 될 수도 있기에 이들이 마음의 평정을 되찾을 수 있게끔 어울림 한마당에서 다양한 심리적 지원 프로그램을 제공하고 있습니다. 가해 학생이나 피해 학생이나 한 번의 잘못된 사건으로 친구관계나 학교관계가 망가진다는 건 비극적인 일이잖아요. 둘 다 아직은 자라나는 청소년이니 만큼 가해 학생이 비록 실수는 했지만 이를 계기로 진심으로 잘못을 뉘우치고, 피해 학생 또한 이를 받아들여 둘의 화해가 이루어진다면, 서로에게 더 나은 성장의 계기가 될 수도 있을 것이라 생각합니다.

김은남 사실 폭력의 반대말은 인권이라고도 하죠. 서로가 서로를 존중하고 배려하는 풍토라면 자연스럽게 폭력이 사라질 것 같기도 합니다. 그런데 비극은 지금의 학교가 서로를 존중하고 배려하기엔 너무 멀리 가 있다는 사실인 것 같습니다. 오직 경쟁지상주의로만 치닫고 있으니까요.

김상곤 일전에 화제가 된 다큐멘터리 〈학교의 눈물〉을 보니, 전 세계적으로 학교 폭력 발생 비율과 비례하는 게 사회 불평등 정도라고 나오더군요. 계층 간 양극화가 심한 나라일수록 학교 폭력도 빈발한다고요. 그러고 보면 사회 양극화가 심해지는 한국에서 학교 폭력이 사회문제화한 것은 필연이라는 생각도 듭니다. 그렇다고 절망할 일은 아니라고 봅니다. 궁극적으로는 한국 사회가 교육 격차를 줄이고 양극화를 해소하는 길로 나아가야 할 테지만, 일단은 바꿀 수 있는 것부터 하나씩 바꿔나가야죠.

김은남 어디서부터 바꿀 수 있다고 보시는데요?

김상곤 제가 계속해서 학교자치를 강조했는데요, 이처럼 교육자치를 강화하고 학교 민주주의를 활성화하는 것이 매우 중요하다고 봅니다. 그래서 2013년부터 학교 민주주의 모범학교 40곳을 지정해 민주시민 교육, 다문화 교육, 녹색 교육 등을 실시하도록 독려하고 있어요. 2014년에는 여기서 만들어진 모형을 더 많은 학교로 확산시키고자 합니다. 이를 통해 경기도 모든 학교에서 학교 민주주의가 한 단계 발전하기를 기대하면서요. 평화 교육과 인권 교육도 강화하고 있습니다. '더불어 사는 평화 교육', 이것이 경기 혁신교육의 가장 중요한 원칙이자 궁극적인 지향점이니까요.

김은남 그런데 학교자치와 민주주의라는 게 교육감이 독려한다고 정착되는 건 아니잖아요?

김상곤 물론입니다. 그래서 교사·학생·학부모라는 세 주체의 역할이 중요하고, 그중에서도 가장 중요한 역할을 해주셔야 할 분이 교장 선생님이에요. 교장 선생님이 민주적 리더십을 발휘하면서 권한의 상당 부분을 이양해야 교사·학생·학부모 등 학교 구성원의 자율과 자치가 살아나니까요. 일종의 전통적 리더십이라고나 할까요. 교장 선생님께서 권위적이고 수직적인 리더십을 가진 분일 경우에는 교사들이 교무회의에서 소신껏 발언을 하거나 평교사끼리 뭔가를 결정해 집행하기가 어렵습니다. 학부모들도 당연히 학교 일에 적극적으로 참여하기가 어렵겠죠. 자칫하면 참견 내지는 개입하거나 간섭하는 걸로 비칠 테니까요. 더 중요한 것은 학생들인데, 학생들의 자치 활동도 위축될 수밖에 없죠. 학생회나 동아리 활동도 자발적으로 이루어지기 어렵고요. 그런 만큼 교장 선생님이 열린 자세를 보여주셔야 학교자치와 민주주의도 살아날 수 있습니다.

시사IN 조남진

3
교육, 미래를 말하다

핀란드와도 또 다른 우리만의 교육 강국 모델을 어떻게 만들어나갈 것인가. 이는 경기도 혁신교육이 우리에게 던진 숙제이기도 하다.

김상곤 교육감은 이 거대한 흐름을 예비한 것이 다름 아닌 시민이라는 사실에 주목했다. '정의란 무엇인가'를 자문하기 시작한 시민들은 이미 교육복지를 넘어 보편적 복지로 짜인 미래 국가의 모습을 그리고 있었다. 그런데도 한국의 정치·사회 체제는 후진적인 반동을 거듭하고 있었던 것이다. 3부에서는 우리 교육, 나아가 우리 사회가 구현해야 할 비전을 차례로 더듬어보았다. 이것은 공상 속의 미래가 아니다. 충분히 가능하고, 마땅히 실현되어야 할 미래. 어쩌면 이것만이 우리 아이들이 살고, 우리 사회가 살 길인지도 모른다.

교육 양극화 해소가 최고의 복지다

김은남 이제까지 한국 교육의 현실이 어떤지에 대해 돌아보았습니다. 학생도, 부모도, 교사도 모두 불행한 것이 지금의 현실이지만 그렇다고 상황이 완전히 절망적이냐, 그렇지만은 않다는 희망의 실마리를 지난 5년 경기도의 경험에서 찾을 수 있었던 것 같습니다. 그렇지만 이 같은 경험을 다른 지역에도 일반화할 수 있을 것이냐, 나아가 경기도 혁신교육 방식이 교육문제의 궁극적 해법이 될 수 있을 것이냐는 별개의 문제인 것 같습니다. 이와 관련해 이제부터는 어떻게 하면 우리 교육의 미래를 바꿀 수 있을 것인지에 대해 얘기를 나눠 보도록 하겠습니다. 일단 지금의 교육 현실을 고쳐 나가기 위해서는 궁극적으로 교육 격차를 줄이고 교육 양극화를 해소해나가야 한다고 말씀하셨죠.

김상곤 혁신학교, 무상급식, 학생인권조례 등의 경험을 포괄해 우리는 이를 '혁신교육' 방식이라고 부르는데요. 경기도 혁신교육의 기조는 분명합니다. 부모의 소득수준이 아이의 교육수준을 결정하는, 정의롭지 못한 방식의 특권교육을 반대하고 모두가 행복한 교육을 추구하겠다는 것입니다. 교육이 사회의 양극화를 더욱 심화시키면서 사회 통합을 저해하는 방식이어서는 안 된다는 것입니다.

김은남 교육 양극화를 해소하려면 구체적으로 어떻게 해야 한다고 생각하시는데요?

김상곤 공교육을 살리는 일부터 시작해야죠. 다시 말해 교육의 공공성을 회복하는 일부터 시작해야 합니다.

김은남 지금은 교육의 공공성이 지켜지지 않는다고 보시는 건가요?

김상곤 단적인 예로 한국 부모들의 교육비 부담은 세계 최고 수준이죠. 통계청이 발표한 '2011 사교육비 조사' 결과를 보면 2011년 사교육비 규모가 총 20조 1천억 원입니다. 국내총생산(GDP)의 1.6% 수준이에요. OECD는 이보다 더 높게 잡아요. OECD에 따르면 한국 각 가정이 학원 수업료로 지출하는 비용이 한 달 수입의 8%예요. GDP의 2.2%에 해당하는 규모죠. 사교육비 통계를 따로 내는 나라도 한국이 유일합니다. 과거에는 통계청이 전체 산업통계 중 학원 및 보습 부문 통계를 따로 추려 발표하곤 했어요. 그런데 2000년대부터는 사교육비 통계를 아예 따로 내기 시작한 거죠. 이 같은 교육비 구조가 각 가정마다 말 못할 고통을 안겨주고 있습니다. 개인의 노후를 위협하는 것은 물론 출산율을 떨어뜨려 나라의 미래마저 어둡게 하고 있습니다. 그런 만큼 개인이 교육비를 부담하던 구조를 이제는 국가가 부담하는 방향으로 바꾸어가야 한다고 봅니다.

김은남 그러니까 무상급식처럼 국가가 개인의 부담을 흡수해줘야 한다는 건가요?

김상곤 그렇죠. 이제는 무상급식을 넘어 보다 포괄적인 무상교육으로 나아가야 할 것입니다. 유아 교육과 고교 교육도 의무교육에 포함시켜야 하고요. 학급당 인원수도 지금보다 더 줄여 선진국 수준으로 교육의 질을 높일 수 있어야 할 것입니다. 이렇게 교육의 공공성을 높여야 교육 격차를 해소할 수 있습니다.

김은남 그런데 통계를 보면 한국의 교육 예산이 다른 나라에 비해 낮은 편은 아니에요. 오히려 급속히 증가한 편에 속합니다.

김상곤 김대중 정부 즈음부터 과거에 비해 교육 예산이 크게 증가한 것은 맞습니다. 2011년 OECD가 발표한 자료를 보면, 한국의 GDP 대비 공교육비 비율은 7.6%로 OECD 34개 회원국 가운데 2위입니다. OECD 회원국 평균인 6.3%보다 훨씬 높죠. 그렇지만 이건 전체 공교육비고, 학생 수를 감안한 1인당 공교육비로 따져보면 한국은 OECD 평균 수준이거나 그보다 낮은 편에 속합니다. 우리가 공교육에 특별히 더 많이 투자한다고 할 수 없어요.

더 큰 문제는 공교육비 가운데 정부가 부담하는 비율이 낮다는 거예요. 공교육비 7.6% 가운데 정부가 부담하는 비율은 4.7%입니다. 나머지 2.9%는 민간에서 부담하고 있다는 뜻이에요. 대학 등록금, 교복비, 수학여행비 이런 게 전부 민간 몫에 들어가죠. 이렇게 공교육비 중 민간이 부담하는 몫은 한국이 OECD 국가 중 가장 많습니다. 다른 나라의 민간 부담 비율 평균은 0.9%로 우리나라의 3분의 1이 채 안 돼요. 정부가 전체 예산 중 교육비에 투자하는 비율도 OECD 평균(5.4%)에 훨씬 못 미칩니다.

김은남 2013년 교육부 예산이 53조 원 정도니까 사실 적은 액수는 아닙니다. 과거에 비해 교육에 많은 비용이 투입되는 것도 사실이고요. 그런데 국민들은 교육예산이 늘어난 만큼 교육이 좋아진다는 걸 체감하진 못하는 것 같습니다. 학교 건물이나 시설처럼 외적인 인프라가 그나마 나아진 정도라 할까요?

김상곤 학급당 학생 수를 줄이는 데도 상당한 예산이 소요됩니다. 그런데 그런 건 효과가 눈에 잘 보이지 않죠. 국민들이 별다른 변화를 느끼지 못하는 근본적인 이유는 따로 있습니다. 교육비가 늘었다고는 하는데 국가주도적인 교육 시스템이나 중앙집권적인 교육 행정은 전혀 바뀌지 않았거든요. 이렇게 유연성이 결여된 상황에서 전근대적인 교육 패러다임, 곧 산업화 시대 인력을 양성하던 낡은 패러다임이 그대로 유지돼왔습니다. 정부는 정부대로 교육을 수단화하려 드는 경우가 많았고요. 그러다 보니 국민들이 변화를 체감하기 어려웠던 게 아닌가 싶습니다.

김은남 정부 예산은 예산대로 쓰는데 국민들은 별다른 변화를 못 느끼고, 또 민간의 부담은 부담대로 계속 늘고 있고, 이것이 한국의 교육비 현실인 듯한데요. 그렇다면 교육 예산을 어떻게 집행해야 상황이 나아질까요? 예산 집행의 우선순위를 어디에 둬야 한다고 보십니까?

김상곤 저는 교육 격차를 해소하는 데 최우선적으로 예산이 투입돼야 한다고 봅니다. 특목고와 일반고 간 차별, 도시·농촌 간 차별, 다문화 가정이나 장애인에 대한 차별, 이런 것들을 줄여가는 데 투자를 해야죠. 선진사회로 갈수록 이런 차별이 줄어드는 게 일반적인 경향인데, 우리는 1인당 국민소득이 2만 달러를 넘은 상황에서도 아직 개선되지 않고 있습니다. 이건 사회 통합에도 마이너스지만 나라의 미래와 직결된 교육 경쟁력도 갉아먹는 일이죠. 보편적인 교육복지를 단단히 다져나가는 게 우리가 지금부터 할 일입니다.

김은남 교육감에 처음 출마하셨을 때 특목고 지원 예산이 일반고의 3배에 달한다는 점을 부각시켜 학부모들의 공분을 불러일으키셨죠. 예산 편중 지원 논란은 여전히 현재 진행형입니다. 서울시교육청의 경우 2011~2013년 3년간 과학고·국제고·외고·마이스터고·자사고(하나고) 등에 9억 6천5백만 원에서 53억 3천2백만 원에 이르는 예산을 지원한 것으로 드러나 논란이 되기도 했어요.

김상곤 경기도의 경우는 제가 취임할 때보다는 격차가 많이 줄어들었어요. 과학고나 외고의 경우 해당 분야 인재 양성이라는 애초의 설립 목적을 추구하는 데 필요한 예산은 지원하지만, 다른 특별한 예산을 지원하지는 않습니다.

김은남 그런데 여기에 반발하는 사람도 있습니다. 한국이 가진 게 인적 자원밖에 없는데, 교육 경쟁력을 끌어올리기 위해서라도 우수한 학생들을 정책적으로 지원하는 게 뭐가 나쁘냐는 거죠. 실제로 옛날에는 한 집안에서도 '될 놈을 밀어주자', 뭐 이런 분위기가 암묵적으로 통용됐잖아요. 한정된 자원을 가장 효과적으로 배분하자는 주장이랄까요?

김상곤 그건 근대 초기까지 통하던 논리라고 봅니다. 지금은 학생들 개개인이 갖고 있는 소질과 소양, 특성을 고루 살려 사회 발전에 기여하도록 만들자는 것이 시대에 걸맞은 논리일 뿐 아니라 합리적인 방향이죠. 1% 천재가 세상을 먹여 살린다는 얘기는 더 이상 통용되지 않잖아요? 더욱이 우리나라 출산율은 세계 최하위입니다. 합계 출산율(15~49세 여성이 평생 낳는 아기 수)이 1.3명으로 잠시 올라가는 듯싶더니 최근 다시 1.1명대로 떨어졌습니다. 이런 상황에서는 아이

한 명 한 명이 더더욱 소중한 존재죠. 아이들을 골고루, 균형 있게 지원함으로써 이 아이들이 가진 잠재력을 어떻게 끌어낼 수 있을지 고민하는 게 지금 상황에서는 훨씬 더 중요하다고 봅니다.

김은남 이런 식의 차등 지원, 더 엄밀히 말해 경쟁을 통한 선별 지원은 영·미식 교육 개혁 모델을 채택한 나라들에 공통적으로 나타나는 특징이기도 합니다. 한국 또한 김영삼 정부 때의 5·31 교육 개혁 이후 줄곧 영·미식 모델을 지향해왔죠.

김상곤 1980년대 이후 등장한 영·미식 교육 개혁의 요체는 시장주의적인 경쟁과 효율이죠. 구체적으로는 학교 간 경쟁을 통해 교육 경쟁력을 높이고, 학생과 학부모의 학교 선택권을 강화한다는 것이었는데요. 이를 위해 등장한 것이 한국의 일제고사처럼 표준화된 학업 성취도 검사였습니다. 전국적으로 표준화된 시험을 통해 학생들의 학업 성취 수준을 측정한 다음, 그 결과에 따라 학교와 교사에게 책임을 묻는 방식이 미국에서는 일반화되었습니다. 2002년부터 이를 명문화한 아동낙오방지법(No Child Left Behind)이 시행되고 있고요.

김은남 책임을 묻는다는 게 무슨 뜻인가요?

김상곤 일정한 성취 수준에 이르지 못한 교사와 학교에는 불이익을 준다는 거죠. 교사는 직무평가, 학교는 예산 지원에서 불이익을 받게 됩니다.

김은남 더 열심히 가르쳐 좋은 성적을 낸 교사나 학교에 차등 지원을 하는 건 바람직한 일 아닌가요?

김상곤 그게 그렇게 간단하지 않습니다. 미국식 현행 학업 성취도 검사는 독해와 연산 능력을 중점적으로 묻는 방식인데, 그러다 보니 교사의 역량을 종합적으로 평가한다고 볼 수가 없습니다. 얼마 전 미국에서 한 초등학교 교사가 자살한 사건이 미국 언론에 크게 보도된 적이 있습니다. 평소 갱들이 들끓는 로스앤젤레스 남부 빈민가에서 벌어진 일이었는데, 자살한 교사는 이런 열악한 지역에서도 헌신적으로 아이들을 가르쳐 평소 동료 교사와 학부모 그리고 학생들로부터 굉장히 좋은 평가를 받아왔다고 합니다. 그런데 학생들의 성적 향상 정도를 평가하는 학업 성취도 검사 결과 이 선생님이 '평균 이하' 성적을 받았고, 이로 인해 심한 스트레스에 시달리다 극단적인 선택을 하게 됐다는 거죠. 당시 추모식에서 한 교장 선생님이 이런 말을 합니다. "숫자(시험 점수 및 평가)란 지나가는 것입니다. 나는 가치 평가의 의미에 대해 완전히 다른 생각을 갖고 있습니다. 일찍 출근해 교실 문을 활짝 열어놓는 것, 진짜 중요한 건 이런 거죠. 학생들이 필요할 때 도움을 청하러 올 수 있도록 말입니다." 저는 이 말에 깊이 공감합니다. 교육의 결과를 몇 가지 수치로 정량화하면 자연스럽게 가치와 본질이 훼손됩니다. 본래 학업 성취도 검사라는 게 문제풀이식 교육을 집중적으로 시키면 성적이 올라가게 돼 있습니다. 그런데 이런 교육을 거부하고 소신껏 교육을 펼치는 교사는 직무평가에서 좋은 평가를 받기가 어려운 구조인 거죠.

그런가 하면 2013년 애틀랜타에서는 베벌리 힐 교육감이 성적 조작 혐의로 구속되는 사건도 벌어졌습니다. 이 사람이 한때는 '미국 교육계의 신화'로 칭송되던 인물이었어요. 지난 몇 년간 애틀랜타가 학업 성취도 검사에서 승승장구해왔으니까요. 그런데 알고 보니 교사들이 시험 도중 학생들에게 오답을 고치라고 강요하는가 하면 시험지 채점 과정에서 광범위하게 부정을 저질렀다는 사실이 밝혀진 거죠. 교육청도 여기 개입했고요. 단지 남의 나라 이야기로만 치부할 수 없는 문제죠. 타산지석의 교훈으로 새길 필요가 있습니다.

김은남 결국 지나친 경쟁은 교육에 독이 된다는 얘긴가요?

김상곤 건강한 경쟁은 물론 필요하죠. 그런데 미국식 방식은 경쟁의 방향 자체가 잘못되었다는 겁니다. 무엇보다 미국은 공교육의 기반을 무너뜨리는 방식으로 경쟁을 확산시켰어요. 일본 저널리스트인 쓰쓰미 미카가 미국의 교육 현실을 잘 고발했던데요. 미국의 일부 주정부가 학생과 학부모의 학교 선택권을 확대하겠다면서 도입한 것이 이른바 교육 바우처 정책입니다. 행정 당국이 바우처를 나눠주면 학생과 학부모가 이를 갖고 원하는 학교를 선택할 수 있게 한 정책인데, 이 정책에 따르면 더 많은 바우처를 받은 학교, 곧 더 많은 학생과 학부모의 선택을 받은 학교일수록 주 정부로부터 더 많은 지원금을 받게 됩니다. 그러니 학교 간 경쟁이 치열해질 수밖에 없겠죠. 이렇게 경쟁이 치열해지면서 교육 서비스의 질이 높아지고 다른 공적 부문이 자극을 받아 시민들의 선택권 또한 확대되리라는 것이 정부 논리였고요.

그런데 실질적인 결과가 어땠을까요? 결국은 공립학교가 잇달아 문을 닫는 것으로 나타났습니다. 경제적으로 어느 정도 여유가 있는 사람들이 인근 사립학교로 대거 몰리면서 공립학교는 학생 수가 더 줄어들고, 예산 또한 깎이게 되는 악순환에 빠져든 거죠. 통계에 따르면 2009년 이후 미국에서는 교사 30만여 명이 일자리를 잃고, 공립학교 4천 곳가량이 문을 닫았다고 해요. 2013년 연말 SBS에서 방영된 다큐멘터리 〈최후의 권력〉에서도 이 문제가 생생하게 다뤄졌던데, 2013년 6월 시카고에서 전체 공립학교의 10%에 해당하는 50여 개 학교가 일시에 폐교되는 일이 벌어졌다고 합니다. 공립학교가 경쟁력이 없다는 이유로 시 교육위원회가 이런 결정을 내린 거죠. 더 기가 막힌 것은 교육위원 대부분이 교육자 출신이 아니라 기업가나 은행원 출신이라는 점이었어요. 결국 교육을 돈벌이로 삼고 싶어 하는 세력들이 공교육 민영화 플랜을 만들어놓고 주 정부와 의회를 상대로 강력하게 로비를 벌인 결과 이런 일이 벌어졌다고 다큐멘터리는 분석했죠.

김은남 2013년 말 철도노조 파업을 놓고 한국 사회에서도 민영화 논란이 거세게 일었습니다. 의료계에서도 마찬가지고요. 교육 분야에서는 아직 본격적인 논쟁이 벌어지진 않았습니다만, 인천 등에 교육 정책의 예외를 인정한 교육특구가 등장하면서 이런저런 말이 많았습니다. 최근에는 제주국제자유도시에 있는 국제학교에 한해 외국 자본이 국내 학교에 투자해 얻은 이익금을 본국에 송금할 수 있게끔 허용함으로써 교육을 돈벌이 수단으로 삼을 길이 열렸다는 비판이 쏟아지기도 했고요.

김상곤 미국을 보면 우려가 깊어질 수밖에 없죠. 교육의 공공성이 무너질 때 일차적 희생자는 시골이나 빈민가처럼 낙후된 지역에 사는 학생들이겠지만, 궁극적으로는 국가경쟁력 또한 추락할 수밖에 없으니까요.

김은남 교육의 공공성이 무너지면 국가경쟁력도 추락한다니, 무슨 뜻인가요?

김상곤 이건 폴 크루그먼이 계속해서 강조한 얘기이기도 합니다. 크루그먼은 제2차 세계대전 이후 미국이 자본주의의 황금기를 누려온 바탕에 '공교육의 급성장'이 있었다고 진단합니다. 고등교육이 확대되고 탐구과학 교육 분야에 투자를 아끼지 않았기에 미국이 풍요의 시대를 누릴 수 있었다는 거죠. 이 때문에 크루그먼은 미국 경제의 성장 요인을 한마디로 요약하라면 그것은 교육이라고 단언하기도 했습니다. 그런데 1980년대 이후 '작은 정부'를 강조하는 신자유주의 흐름이 나타나면서 교육을 포함한 모든 분야의 정부 지출이 세금 낭비인 양 공격당하게 되고, 그 결과 교육에 대한 투자가 소홀해지면서 미국의 경제 사정이나 국제 사회에서의 상대적 지위가 갈수록 낮아지게 됐다는 겁니다. 그는 한때 교육대국의 상징이었던 미국 대학이 지금은 사양길로 접어들고 있다는 비판도 서슴지 않습니다.

김은남 그렇지만 미국 경제나 미국 대학의 상황이 급속도로 나빠진 데는 최근의 경제위기가 더 직접적인 영향을 미친 것 아닐까요?

김상곤 경제위기가 닥치기 이전부터 미국 교육은 무너지고 있었다는 게 크루그먼의 지적입니다. 미국이란 나라가 사회안전망이 워낙 취약한데다 장학금 등 학생 보조금도 적게 주는 나라여서 가난한 학생들이 학교에 남아 공부를 지속하기가 굉장히 어렵다는 거죠. 공부할 시간에 풀타임 일자리를 뛰어야 하니까요. 그뿐 아니라 교사들의 대량 실직 사태도 미국 교육의 위기 징후로 지적됩니다. 이렇게 신분이 불안정해지면서 미국에서는 교사가 사실상 하위직군화되는 경향이 나타난다는군요. 갈수록 교사 질도 떨어져, SAT(미국의 대학입학자격시험) 하위 50% 수준에서 교사가 충원되고 있는 게 현실이고요.

김은남 아르바이트 하느라 공부할 시간이 없다는 미국 대학생 얘기가

남 얘기 같지 않군요. 한국도 대학 등록금 때문에 고통 받는 가정이 굉장히 많습니다.

김상곤 한국의 대학 등록금은 미국·일본에 이어 세계 3위 수준으로 비싸다고 하죠. 구매력지수(국가별 물가 등을 고려한 평가지수)로 환산했을 때는 미국에 이어 세계 2위라 하고요. 한국의 대학 등록금이 이렇게 비싼 데는 사립대학 비중이 지나치게 높은 것도 한몫을 합니다. 미국에 사립대학이 많다지만 그 비율이 30%에 불과한데, 한국의 사립대학 비중은 80%에 육박해요. 한국에 사립대학이 이렇게 기형적으로 늘어난 데는 5·31 교육 개혁안에 포함된 대학설립 준칙주의의 영향이 크죠. 중장기적으로는 이들 사립대학의 비중을 줄이고 국·공립대학을 전체 대학의 50% 수준까지 끌어올릴 필요가 있습니다. 정치권이 공약한 대로 반값 등록금도 실현되어야 하고요.

김은남 그렇지만 70~80% 수준에 이르는 지금의 대학 진학률을 그대로 둔 채 반값 등록금을 실시한다는 것은 지나치게 낭만적인 생각 아닐까요? 국가 차원의 부담도 너무 크고요.

김상곤 물론 지금의 대학 진학률이 정상적인 수준이 아닌 것은 분명합니다. 우리 수준에 적정한 대학 진학률이 어느 정도일지, 어떤 방식으로 이를 맞춰 갈지에 대해서는 좀 더 장기적인 논의가 필요하다고 봅니다. 그렇지만 그때까지 손 놓고 있기에는 우리 학생들이 대학을 다니며 겪는 고통과 아픔이 너무 큽니다. 그렇다면 이를 줄여주기 위한 특단의 대책이 필요하다는 것이죠. 저는 지금도 반값 등록금이 가능하다고 봅니다. 우리나라 대학 등록금 부담액이 총 14조 원에서 15조 원 정도 된다고 합니다. 이중 장학금으로 제공되는 것이 3조~4조 원가량이니, 이를 빼면 총 10조 원 안팎이 등록금 부담액이 되는 셈입니다. 이중 절반이면 5조 원이라는 얘긴데요. 저는 고등교육에 지출하는 예산 비중을 조금 높이면 이 정도는 확보할 수 있을 것이라 봅니다. 현재 우리나라 국내총생산(GDP) 대비 고등교육 예산 지출 비중이 0.7% 수준이니까 이를 1.1~1.2% 정도로 올리면 되지 않을까 싶습니다.

좀 더 단순하게 생각할 수도 있습니다. 프랑스, 독일 등 유럽 국가 대부분은 대학이 국·공립 형태이고, 등록금을 내지 않는 곳도 많죠. 이들 나라와 비교하면 반값 등록금이 특별히 무리한 주장 같지는 않습니다. 이들 나라의 대학 진학률이 30~40% 수준으로 우리의 절반 수준이니, 이들 나라가 쓰는 예산이나 우리가 반값 등록금으로 지원하는 예산이나 엇비슷하지 않겠어요?

김은남 고등교육 예산 비중을 늘린다 해도 그걸 굳이 등록금을 깎아주는 데 써야 하느냐는 반론이 제기될 수 있을 것 같습니다.

김상곤 그건 말 그대로 정부의 예산 우선순위를 어디에 두느냐의 문제라고 봅니다. 대학 진학률이 70~80%라면 사실상 가계 대부분이

연합뉴스

한국대학생연합 소속 대학생들이 2013년 4월 14일 서울 종로구 청운동사무소 앞에서 기자회견을 열고 "박근혜 대통령은 반값 등록금 공약을 이행하라"고 촉구하고 있다.

연관된 문제라는 건데, 이로 인한 가계 전반의 고통이 너무 크다는 판단에서 정치권도 반값 등록금 공약을 제기했던 거잖아요? 더욱이 대학 교육으로 인한 1차 수혜자는 개인이고 가족일지 몰라도, 최종적인 수혜자는 결국 국가와 사회죠. 그렇다면 정부가 약속을 지키는 게 맞다고 봅니다. 그 방식도 학생들에게 국가 장학금 형태로 지원하는 게 아니라, 대학에 직접 지원해 등록금 고지액 자체를 낮추는 식이어야 한다고 봅니다.

김은남 지금도 사학 비리가 끊이지 않는데, 이런 상황에서 대학에 직접 등록금을 지원하라고요? 그렇게 되면 또 다른 문제가 생기지 않을까요?

김상곤 학생에게 지원한다 해도 그 돈은 어차피 사학으로 다시 들어갑니다. 그러니 등록금을 아예 사학에 지원한 뒤 정부가 엄격한 감독을 통해 사학의 공공성과 투명성을 높이는 편이 맞다고 봅니다. 사학 비리는 사학부패방지법을 제정하든가 해서 원천적으로 뿌리 뽑아야죠. 지금처럼 소득별로 장학금을 차등 지원하거나 대학에 매칭펀드 방식을 도입하라고 압박하는 방식은 한계가 분명합니다. 반값 등록금은 보편적 방식으로 모든 대학생에게 지원하는 방향을 택해야 합니다. 이것이 고통을 가장 직접적으로 경감시키는 효과적인 방식입니다.

김은남 무상급식, 무상보육, 무상 고교 교육에 이어 반값 등록금까지 주장하셨습니다. 복지로 나라 거덜 낼 일 있냐는 호통이 어디선가 들려올 것만 같습니다(웃음).

김상곤 무상보육과 무상 고교 교육은 이미 박근혜 대통령도 공약한 내용입니다. 비록 2014년 예산안에선 공약을 지키려는 의지를 찾을 수가 없습니다만…… 저는 보편적 복지를 확대하라는 요구가 결국은 시대정신이라고 봅니다. 2010년 지방선거와 2012년 총선·대선을 통해 이를 충분히 확인했죠. 복지 예산이 100조 원을 넘어섰다는 통계가 얼마 전 나왔던데, 서구 복지국가와 비교하면 아직 전체 예산 중 복지 예산 지출 비중이 매우 낮은 상태라고 생각합니다. 반면 토목(SOC) 관련 예산 비중은 여전히 높아요. 해마다 줄어들고 있다지만 여전히 24조 원대가 넘습니다. OECD 평균의 2배 수준입니다. 너도나도 21세기 성장동력을 찾아야 한다고 얘기하건만 현실은 여전히 토건 중심 구조에 발목 잡혀 있는 셈입니다.

김은남 창조경제를 내세운 박근혜 정부도 어쩔 수 없는 모양입니다. 보편적 복지 내지 경제 민주화라는 캐치프레이즈는 집권 이후 사실상 실종되다시피 했다는 평가를 받고 있죠.

김상곤 보편적 복지야말로 사회안전망을 확충하고 일자리를 창출함으로써 지금의 경제난을 헤쳐 나갈 실질적인 대안이라는 확신이 없었던 거겠죠. 어쩌면 권력 집단의 성격이나 성향상 처음부터 원천적인 한계를 가졌던 것일 수도 있겠고요. 결국 예산 우선순위를 어떻게 정하느냐는 재정의 문제라기보다 의지의 문제니까요.

스웨덴에 이어 핀란드, 노르웨이, 덴마크 등 유럽 국가들이 잇달아 복지국가 모형을 도입한 이유가 있어요. 보편적 복지 시스템을 도입하는 것이 사회적 안전망을 공고히 하는 한편 성장 잠재력을 유지하고 키워내는 데 기여한다고 판단한 거죠. 영국이 제2차 세계대전 이후 '요람에서 무덤까지'로 상징되는 베버리지 보고서를 채택해 보편적 복지국가의 원형을 만든 것도 그 때문이고요. 우리도 이젠 한국 사회 경제와 복지제도 전반을 새롭게 구상하는 한국판 베버리지 복지 체계를 만들 때라고 봅니다. 보편적 사회복지를 도입한 나라들을 보면 대부분 1인당 국민소득이 1만 달러일 때 이 작업을 시작했어요. 그런데 우리나라는 1인당 국민소득이 2만 달러가 넘는데도 아직 제대로 된 복지 시스템을 도입하지 못했습니다. 이로 인해 개인 또는 가계 단위 같은 사적 영역에서 노후·의료·주거 같은 복지 문제를 해결하려다 보니 국민의 삶이 불안정해지고 여러 불만 요소 또한 쌓일 수밖에 없는 거고요. 더욱이 이제는 경제성장률도 둔화되어 3% 내외로 낮춰 잡을 수밖에 없지 않습니까? 이런 상황이라면 더더욱 보편적 복지 시스템을 도입함으로써 성장 잠재력을 끌어올리려는 노력을 해야 한다고 봅니다.

김은남 그렇지만 한국 사회에는 복지를 퍼주기로 인식하는 사람이 여전히 많습니다. 복지가 성장을 이끌 수 있다는 사회적 경험을 아직 해보지 못해서 그런 것이 아닐까요?

김상곤 2013년 국회예산처에서 의미 있는 자료를 발표했더군요. 정부가 보건과 교육 분야에 10억 원을 지출할 경우 16.85명에 해당하는 일자리를 창출했다는 것입니다. 반면 건설 분야에 똑같이 10억 원을 지출했을 때 일자리 창출 효과는 13.17명에 불과한 것으로 나타났고요. 2000년대에 교육·보건·복지 부문의 경제성장 기여율이 8.2%였던 반면에 건설업의 기여율은 4%에 그쳤다는 연구 결과도 있습니다. 다시 말해 정부의 복지 지출이 사회안전망 확충뿐 아니라 고용 증대 등에도 도움이 돼 경제를 선순환으로 이끌 수 있다는 거죠.

단적인 예로, 무상급식을 실시하는 것만으로도 경제를 성장시킬 수 있습니다. 승수효과(어떤 경제변수의 변화가 파급적인 효과를 낳아 다른 경제 효과에 처음의 몇 배나 되는 증가 혹은 감소를 가져오는 효과) 때문인데요. 무상급식으로 인해 아낀 돈을 다른 데 쓸 수 있죠. 이렇게 소비가 증가하면 또 다른 사람의 소득이 증가하게 되고요. 무상급식의 경제적 효과를 연구한 결과(강남훈 한신대 경제학과 교수)를 보면, 전국적으로 보편적 무상급식을 하게 될 경우 4천680억 원의 부가가치가 발생함으로써 경제성장에 기여한다고 합니다. 농업생산 증대 효과도 4천6백억 원에 달하고요.

김은남 유럽처럼 아동수당 제도를 도입하는 방안에 대해서는 어떻게 생각하십니까?

김상곤 보편적 복지의 혜택을 정서적으로 가장 빠르게 체감하도록 해주는 제도가 아동수당이죠. 아이를 낳았을 때 수당이 지급된다면 정서적으로 상당한 안정감을 느낄 수 있을 테니까요. 현재 영·유아 교육과 어린이집 과정을 포괄한 무상보육 지원 시스템(누리과정)이 만들어지고 있는 만큼 이것이 체계화되면 아동수당의 형태로 발전할 수도 있겠죠.

김은남 최근 한국 사회에서 심각한 것이 세대갈등인데요. 복지제도를 도입할 때도 세대 간 갈등의 소지가 있는 듯합니다. 하다못해 요즘 주변에 보면 아파트 관리사무소 빈 공간에 양로당 공간을 늘릴 것이냐, 어린이집 공간을 새로 확충할 것이냐를 놓고 세대 간에 얼굴 붉히는 일도 심심찮게 일어나던데요. 노인기초연금안 등을 놓고도 젊은 층은 왜 우리가 증세 부담을 떠안아야 하느냐고 반발합니다.

김상곤 복지 논쟁이 세대 간 대립으로 왜곡되는 것은 결코 바람직한 현상이 아닙니다. 우리나라 노인 빈곤율은 45%가 넘습니다. 2위인 아일랜드(31%)와 비교해도 높은 편이지만, OECD 평균(12~13%)과 비교하면 한국 노인들의 빈곤율은 정말이지 엄청나게 높은 셈입니다. 그렇다고 한국 노인들이 일을 하지 않는 것도 아니에요. 한국 노인들이 일자리를 통해 소득을 창출하는 비율은 OECD 국가 평균에 비해 높은 편입니다. 결국 이렇게 일을 많이 하는데도 가난한 노인이 많다는 것은 노인들을 위한 사회안전망이 매우 허술하다는 얘기예요. 다른 나라는 노인복지가 그만큼 탄탄하게 돼 있다는 뜻이고요. 그런 만큼 노인들이 "우리도 사람답게 살고 싶다"고 주장하는 것은 어쩌면 너무도 당연한 요구를 하는 것이라 봅니다. 결론은 노인도 어렵고, 청년도 어렵고, 학부모도 어렵고, 다 어렵다는 거예요. 보편적 복지로 이런 상황을 타개하려면 정부 지출을 늘려야 한다는 거고요. 그런데 한국의 경우 국내총생산(GDP) 중 정부 지출이 차지하는 비중이 30%로 OECD 29개국 가운데 꼴찌예요. 세수가 적은 데다, 세금을 걷기도 전에 깎아주는 감면제도가 많다 보니 나라 살림 규모가 작을 수밖에 없는 거죠.

김은남 결국 정부 재정을 키우려면 세금을 늘릴 수밖에 없는 것 아닌가요? 박근혜 대통령이 지하경제 양성화와 재정지출 구조 개혁을 얘기했습니다만 이것만으로 재정 확충이 가능할까요?

김상곤 불가능하죠. 조금은 개선할 수 있겠지만 한계가 분명합니다. 더욱이 지금은 재정 규모 자체가 너무 작아서 이를 늘리지 않고는 복지를 확대하거나 사회안전망을 확충하기가 사실상 어렵습니다. 재정 규모를 늘리고 조세제도 또한 개혁해야 합니다.

김은남 그렇지만 조세 저항은 뿌리 깊습니다. 임기 첫해 증세를 시도했던 박근혜 대통령도 결국 '먹고살기도 힘든데 무슨 증세냐'는 여론 앞에 백기를 들었습니다.

김상곤 그럼에도 불구하고 박근혜 대통령이 십자가를 지겠다는 각오로 복지 재원을 마련하기 위한 증세를 단행해야 한다고 봅니다. 사회 지도층을 비롯한 지식인들도 함께 국민들을 설득하기 위한 노력에 나서야 할 것입니다. 증세를 통한 복지 확충은 우리 사회의 발전을 위해 피해갈 수 없는 과정입니다. 지혜로운 국민들이기에 저는 이 같은 복지 증세의 당위성을 이해하고 공감해줄 것이라 믿습니다.

김은남 증세가 불가피하다고 생각하는 사람들도 그 방식이 불공정하다고 생각해 반발하는 것 아니겠습니까? 부자들은 감세 혜택을 누리는데 왜 나만 세금을 더 내야 하느냐, 왜 또 유리지갑부터 털려 하느냐는 식으로요.

김상곤 그런 만큼 우리에게 맞는 복지 증세 제도를 고민하기에 앞서 법인세 감면 제도 등 지난 정부가 취한 잘못된 형태의 감면 제도를 축소하는 절차가 먼저 필요하다고 봅니다. 여기서 일정한 재원을 확보한 다음 부자 증세를 포함해 다양한 조세 개혁을 검토해봐야죠. 실제로 미국도 고소득자의 증세 도입을 골자로 한 버핏세를 도입하려 하고 있죠. 프랑스·독일의 부유세, 이탈리아의 연대세 같은 조세 개혁 움직임도 주목해봐야 할 것 같고요.

김은남 한국에도 부유세 같은 것을 도입해야 한다고 주장하시는 건가요?

김상곤 부유세 도입도 방법 중 하나일 수 있겠지만 저는 그보다 모두가 형편에 맞게 세금을 내는 것이 필요하다고 봅니다. 소득이 많거나 적거나 그에 합당한 세금을 내야 한다는 것이죠. 그걸 '사회복지

세'라 해도 좋고 다른 이름으로 불러도 좋습니다. 현재 OECD 조세부담률 평균이 25.8%인데 한국은 20% 미만에 머물러 있습니다. 사회보장 기여금을 합한 국민부담률 또한 OECD 평균에 비해 8% 포인트 이상 낮아요. 그런 만큼 종합적인 증세 방안을 고민할 필요가 있다고 봅니다. 그밖에 부가가치세도 일정하게 조정할 여지가 있을 것 같은데, 어느 것을 먼저 손댈지는 사회적 합의를 통해 결정할 문제인 것 같습니다.

김은남 그런데 세금이란 게 방식도 문제지만 내가 낸 세금이 확실한 혜택으로 돌아올 거라는 믿음이 있어야 하지 않겠어요?

김상곤 그래서 보편적 복지 방식이 필요하다는 것입니다. '복지 증세'라는 식으로 증세의 성격도 명확히 밝힐 필요가 있다는 거고요. 그중에서도 교육 관련 복지는 사람들이 가장 가시적으로 혜택을 체감할 수 있는 복지 분야이기도 합니다. 무상급식이나 무상보육이나 수혜자가 광범위하고 혜택도 즉각적으로 돌아오니까요. 그런 만큼 교육 분야에서의 보편적 복지가 확대되면 복지 증세에 대한 저항감도 덜할 것으로 보입니다.

김은남 복지 증세라니, 무슨 뜻이죠?

김상곤 우리 아이들부터 노인들까지, 모두가 기초생활을 영위할 수 있는 사회안전망을 확보하기 위해 내는 세금을 복지 증세라 할 수 있겠죠. 좀 더 구체적으로 말하자면 아동수당, 노인수당, 보편적 교육복지 등을 실현하기 위해 충당하는 세금이랄까요.

김은남 선거에 처음 무상급식 공약을 들고 나왔을 때 '그게 무슨 교육 공약이냐'라는 비판도 많이 받으셨다고 들었습니다. 그런데 이젠 무상급식을 넘어 증세까지 얘기하시네요.

김상곤 보편적 복지는 교육 양극화가 진행되는 우리 현실에서 공교육 붕괴를 막고 교육정의를 실현할 안전장치가 될 테니까요. 무상급식이 보편적 복지로 가는 문을 열었다면 이제는 복지의 양과 질, 그리고 복지 증세까지를 포괄적으로 논의하는 복지국가 담론이 새롭게 필요한 시점인 것 같습니다.

최근 통계청이 발표한 지니계수(소득분배의 불평등 정도를 나타내는 지수, 숫자가 클수록 불평등 정도가 크다)를 보니 한국이 0.353으로 OECD 국가 중 여섯 번째로 불평등이 심한 것으로 나타났어요. OECD 평균이 0.314니까 이 정도면 불평등이 상당히 심각한 수준이라는 뜻입니다. 통계청 기준에 따른 중산층 비율도 58%로 십 년 전에 비해 10% 포인트 가까이 줄어든 것으로 나왔더군요. 이렇게 중산층이 붕괴되는 상황에서는 교육복지가 더더욱 중요해질 수밖에 없습니다. 제가 평소에 즐겨 쓰는 말이 있습니다. 교육이 가장 좋은 복지라고요.

대학입시는 자격고사로, 사립대학은 국·공립대학으로

김은남 교육 양극화를 해소하려면 교육의 공공성을 살리고 보편적 방식의 교육복지를 늘려가야 한다는 말씀을 하셨는데요. 얘기를 들으면서 한 가지 의문이 생깁니다. 교육복지를 늘려 가계 부담을 줄여준다 한들 그 돈을 사교육비에 써버린다면 무슨 의미가 있을까요?

김상곤 당연히 제기될 수 있는 의문입니다. 무상급식으로 아끼게 된 급식비로 학원 한 군데 더 보내는 식이어서는 곤란하죠. 무상보육이나 반값 등록금도 마찬가지입니다. 재정 지원을 통해 교육복지를 확대하는 것은 꼭 필요한 일이고 당연히 환영할 일이죠. 그렇지만 그것이 우리 교육의 어려움을 극복하는 해법의 전부가 될 수는 없습니다. 그런 의미에서 저는 진정한 교육복지는 교육 혁신을 통한 공교육 정상화라고 생각합니다.

김은남 교육 정상화를 통해 진정한 교육복지를 실현할 수 있다는 말씀인가요?

김상곤 그렇습니다. 혁신학교 같은 공교육 혁신 모델을 통해 부모들이 사교육 없이도 질 높은 교육을 받을 수 있다는 것을 알게 되지 않았습니까? 그런데 그것만으로는 부족합니다. 궁극적으로는 대학 교육이 반드시 혁신되어야 합니다.

김은남 그렇잖아도 2012년 김상곤 교육감이 대학 개혁안을 공식적으로 제기해 화제가 된 일이 있습니다. 그 내용을 두고 '서울대 폐지론'이라는 등 논란도 많았죠. 무엇보다 초·중·고 교육을 맡고 있는 교육감이 왜 대학 문제에까지 나서느냐고 의아해하는 사람들이 많았던 것 같습니다.

김상곤 초·중등 교육이 대학으로부터 직접적인 영향을 받을 수밖에 없으니까요. 특히 우리나라는 초·중등 교육이 대학입시와 대학 교육에 사실상 예속돼 있다고 표현해도 과언이 아닌 상황입니다. 대학이 전체 공교육을 왜곡시키는 구조라고도 할 수 있죠. 여기서 벗어나 초·중등 교육 과정에서나마 혁신교육을 실천하고자 많은 사람이 노력하고 있습니다만, 이 같은 혁신교육의 성과가 이어지기 위해서라도 대학 개혁이 반드시 필요하다고 판단했습니다. 무엇보다 학생·학부모·교사가 모두 불행한 지금의 현실을 벗어나기 위해서라도 대학 개혁이 시급하고요.

김은남 그건 또 무슨 뜻인가요?

김상곤 교육부가 발표한 사교육비 조사 자료를 보면, 학부모들이 사교육을 할 수밖에 없는 이유로 지목하는 것이 취업 시 출신 대학을 중시하는 '심각한 대학 서열화 구조', 그리고 '대학의 성적 우수 학생 선발 경쟁'이에요. 이로 인해 촉발된 지나친 입시 경쟁으로 아이들은 배움에 흥미를 잃고, 교사들은 지쳐가고 있는 거죠. 학부모들은 사교육비 부담에 노후를 저당 잡히고 있고요. 결국 학벌사회 구조와 대학 서열화 경쟁을 그대로 두고서는 지금의 악순환을 끊을 수 없고 교육도 정상화시킬 수 없다는 겁니다.

김은남 초·중등 교육을 바꾸는 것만으로는 한계가 있다, 결국 대학이 함께 바뀌어야 한다는 판단에서 대학 개혁안을 구상하게 됐다는 얘기군요.

김상곤 반쪽 혁신, 따로따로 혁신은 곧 한계에 직면할 수밖에 없으니까요. 총체적이고 유기적인 혁신이 필요하다고 판단했습니다. 더욱이 제가 개혁안을 발표한 2012년은 총선과 대선이 함께 치러지는 해였죠. 국가의 명운이 걸린 중요한 시기인 만큼 교육이 전 국민적인 의제로 다뤄져야 한다고 생각했습니다.

김은남 개혁안은 언제부터 준비하신 건가요?

김상곤 교육감이 되기 전부터 제가 민교협(민주화를 위한 전국교수협의회) 활동을 해왔는데요. 여기서 교육 개혁 운동을 함께해왔던 분들과 오랜 기간 연구하고 토론해온 내용을 개혁안으로 정리한 것입니다.

김은남 2012년 발표한 개혁안을 보면 국·공립대 통합을 주장한 것이 가장 먼저 눈에 띕니다. 서울대를 폐지하자는 거냐는 논란에 휘말린 것도 이 때문이었죠.

김상곤 그에 앞서 이 문제를 제기한 배경을 먼저 설명드려야 할 것 같습니다. 제가 주장한 대학 개혁안의 핵심은 대학의 공공성을 먼저 회복해야 한다는 겁니다. 한국은 전체 대학 중 사립대학 비중이 80%에 육박하죠. 사립대학이 발달했다는 미국조차 그 비율이 30%밖에 안 되는데 말이에요. 어찌 보면 한국 대학은 완전히 시장에 맡겨진 상태로 발전해왔다고도 할 수 있습니다. 공공성의 해체가 아주 심각한 수준으로 진행되고 있다고 할까요? 이로 인해 해마다 대학 등록금이 치솟는 등 국민에게 전가되는 고통도 이만저만이 아니죠. 그뿐 아닙니다. 가뜩이나 비율이 낮은 국·공립대에서는 몇 년 전부터 법인화 작업이 진행되고 있어요. 대학 전반에 공공성의 위기가 가속화되고 있는 셈이죠.

김은남 그래서 국·공립대 비율을 50% 이상으로 끌어올려야 한다고 주장하신 겁니까? 그런데 어떻게 끌어올리자는 거죠?

김상곤 일단은 지역별로 기존 국·공립대학 중 특정 대학을 거점대학(가칭) 내지 혁신대학(가칭)으로 지정합니다. 그런 다음 이 대학을 중심으로 권역별 대학 혁신 네트워크를 형성하자는 구상입니다. 대학 혁신 네트워크에 속한 대학들은 독립성을 유지하면서도 서로 협력하면서 연구와 교육을 수행할 수 있을 것입니다.

김은남 경기도 혁신학교와 비슷한 발상이네요. 특정 학교를 거점학교로 지정해 이 학교를 중심으로 네트워크를 구성한다는 거죠?

김상곤 그렇습니다. 이렇게 형성된 대학 혁신 네트워크는 서울대 수준으로 육성할 필요가 있습니다. 지금의 한국 대학은 완전히 일렬로 줄 세워져 있는 구조예요. 서열주의가 갈수록 강화되고 있는데, 거점대학과 대학 혁신 네트워크를 통해 이를 깨뜨릴 필요가 있습니다.

김은남 실제로 우리 사회에는 'SKY(서울대·고려대·연세대의 약칭)'며 '서연고서성한중외경시(서울에 있는 대학들의 머릿글자를 따 서열화한 은어)'처럼 대학 서열화를 자연스럽게 전제한 용어가 너무도 흔하게 통용되고 있죠.

김상곤 과거엔 그렇지 않았습니다. 지방별로 각자 특성이 있는 명문대학들이 있었어요. 그런데 오늘날에는 서울-수도권-지방으로 나란히 늘어선 서열적인 대학 시스템이 이를 대체했습니다. 이래서는 곤란하죠. 수도권과 지방의 균형 발전이라는 측면에서도 그렇지만, 국가경쟁력 측면에서도 불리합니다. 우리나라처럼 사실상 사람만이 유일한 자산인 나라에서는 전국적으로 인재를 고루 양성하고 계발하는 시스템이 중요합니다. 그런 만큼 권역별로 대학 네트워크를 형성해 인재를 키울 필요가 있다는 것입니다.

김은남 그런데 권역별로 대학 네트워크가 형성된다 해도 서울·수도권 대학과 맞설 만한 경쟁력이 저절로 키워지는 건 아닐 텐데요.

김상곤 그래서 필요한 것이 이들 대학 네트워크에 대한 집중적인 지원입니다. 저는 이들 대학에 서울대 수준 이상의 재정적 지원을 해야 한다고 봅니다. 현재는 서울대와 지방 국립대 간 지원금액이 2~3배 가까이 차이가 납니다. 이걸 끌어올려 학생 1인당 지원금액을 비슷한 수준으로 맞춰야 한다는 거죠. 이렇게 되면 전국에 서울대'들'이 생겨나게 되겠죠. '서울대의 나라'에서 '서울대들의 나라'로 이행하게 되는 셈이라고나 할까요? 이것이 제가 생각하는 대학 개혁의 첫걸음입니다.

김은남 그렇게 되면 서울대는 어떻게 되는 거죠? 그간에도 서울대를 해체 내지 폐지해야 한다는 주장이 여러 차례 제기됐는데, 그렇게 하자는 건가요?

김상곤 '없애자' '놔두자' 그런 얘기를 하려는 게 아니라, 그간에도 서울대 내부에서 지금의 학부체제를 그대로 둘 것이냐에 대해서는 많은 논의가 있었잖아요? 대체적으로 서울대는 대학원 중심으로 운영하고 학부 기능은 점차 축소해가야 한다는 게 중론이었던 것 같은데, 저도 이 방향이 가장 바람직하다고 봅니다. 제가 제안한 개혁안대로라면 서울에도 권역별 거점대학이 여러 곳 생기게 되잖아요? 그렇게 되면 서울대가 지금의 학부를 어느 수준에서 남기고 다른 거점대학들과 기능을 어떻게 나눌 것인지, 학문적인 협력은 또 어떻게 할 것인지 다양한 논의가 전개될 수 있을 것이라고 봅니다.

김은남 그런데 지역별 대학 네트워크가 형성되고 서울대'들'이 생겨난다고 지금의 대학 서열화 구조가 깨질 것이냐에 대해서는 의문이 있어요. 자칫하면 이른바 명문 사립대학의 위상이 지금보다 치솟으면서 오히려 순위만 바뀌는 결과를 낳을 수도 있습니다.

김상곤 사실 명문대학이라는 용어 자체가 참 모호합니다. 외국 대학에도 서열이 있지만 우리와는 서열을 정하는 방식이 다르죠. 보통 어느 대학은 공과대학이 우수하고, 어느 대학은 인문대학이 우수하다는 식으로 평가를 하는데 우리는 여전히 대학 입학 성적으로 서열을 매기는 경향이 있습니다. 그런데 대학의 진짜 경쟁력은 그런 '선발효과'가 아닌 '학교효과'로 보여줘야 한다고 생각합니다. 높은 점수를 받은 학생을 유치하는 데만 관심을 두는 대학보다 입학한 학생의 잠재력을 극대화하는 대학이 좋은 대학으로 평가받아야 한다는 얘깁니다. 권역별 대학 네트워크가 그런 모범을 보여야겠죠.

저는 무엇보다 기업들의 역할이 중요할 것 같습니다. 기업들이 기존 학벌이나 대학 간판에 연연하지 않고 졸업생들의 역량과 자질을 순수하게 평가한다면 권역별 대학 네트워크가 충분히 자리를 잡을 수 있을 것입니다. 국가 정책도 바뀔 필요가 있습니다. 일단은 충분한 지원으로 권역별 거점대학이 성장할 수 있는 여건을 만들어줘야 할 테고요. 공무원이나 공기업 직원 채용 시 권역별 할당제나 지역 우선 선발제도를 적극 활용하는 방안도 검토해야 할 것입니다.

김은남 학부모들이 사교육을 시킬 수밖에 없는 이유로 꼽은 게 기업들이 직원을 채용할 때 대학 간판을 따지는 풍토라고 말씀하셨잖아요? 이게 정말 큰 사회적 낭비인 것 같습니다. 지금은 굳이 대학 교육이 필요하지 않은 직업에까지도 학력 인플레가 작동하는 상황입니다.

김상곤 궁극적으로는 노동시장 자체가 바뀌어야 하겠죠. 결국은 사회경제적 구조가 교육에 결정적인 영향을 미치고 있는 거니까요. 누구나 알고 있듯 지금처럼 대기업과 중소기업 간, 정규직과 비정규직 간 임금 격차가 크고 뚜렷한 차별이 존재하는 상황에서는 학벌에 매달리는 풍토가 쉽게 바뀌지 않을 겁니다.

저는 직업교육 체제도 하루빨리 개편돼야 한다고 봅니다. 일단 특성화고와 마이스터고를 좀 더 강화해서 굳이 대학을 가지 않아도 되는 시스템을 만드는 게 중요할 것 같습니다. 이명박 전 대통령이 마이스터고를 만들어 선(先)취업, 후(後)진학 원칙을 강화했는데, 저는 이게 굉장히 의미 있는 정책이었다고 봅니다. 고등학교를 졸업한 뒤 취업 먼저 하고, 훗날 본인의 전문성 보강을 위해 대학에 진학할 수 있도록 하자는 거니까요. 전문대학 과정도 좀 더 실효성 있게 바뀌어야 한다고 봅니다.

김은남 얼마 전 전문대 호텔경영학과를 나온 20대 청년을 만난 일이 기억납니다. 그 친구가 이런 얘길 하더군요. 요즘 4년제 대학 호텔경영학과 나온 친구들은 호텔로 가고, 자기처럼 전문대 나온 친구들은 모텔로 간다고요. 모텔 프런트 지키려고 수천만 원 들여 대학 졸업장을 따야 하는 현실이 기가 막히다는 거죠.

김상곤 본래 전문대학이라는 게 직업교육 기관으로서 기업과 대학을 연결하는 역할을 해야 하는데, 지금은 전문대 위상이 굉장히 애매하죠. 기업에서도 환영받지 못하는 게, 어찌 보면 내놓은 자식 같다고나 할까요? 오늘날에는 기술혁신으로 인해 한 해가 다르게 수많은 직업이 생겨나고 있습니다. 그런 만큼 저는 전문대학이 이런 기술혁신을 따라잡아 실업 전문가를 배출할 수 있어야 한다고 생각합니다. 그러려면 국가 차원의 지원기구가 필요할 것 같습니다. 일종의 국가직업교육위원회(가칭)라 할까요? 제가 이것도 공개적으로 제안한 바 있는데, 고용노동부장관이 위원장이 돼서 전문가들을 한데 모아 전문대학을 어떻게 지원하고 육성해갈 것인지 일상적으로 논의하는 틀을 만들어보자는 겁니다. 한국경영자총협회, 한국중소기업협회 등도 여기 다 참여해야겠죠. 등록금도 처음에는 반값 등록금으로 시작하되, 장기적으로는 정부와 기업이 교육비를 반반씩 부담하면서 무상교육이 이뤄지는 구조로 바뀌어야 할 테고요. 이렇게 해서 전문대에 진학하는 것이 취업에 유리하고 사회적으로 차별받지 않는다는 사회적 인식이 형성되면 지금처럼 과도하게 일반대학으로 몰리는 현상도 완화될 것입니다.

김은남 한편으로는 우리 사회가 거대한 허상에 젖어 있다는 생각도 듭니다. 초·중·고생을 상대로 설문조사를 한 결과를 보면 장차 노동자가 될 거라고 생각하는 학생들은 거의 없습니다. 다들 전문직에 종사하거나 대기업에 입사할 꿈을 꾸죠. 부모들도 다르지 않습니다. 대학에 갈 형편이 안 되는 아이들도 보통은 장사를 하겠다고 말하지 노동자를 하겠다고는 안 하죠.

김상곤 중요한 지적을 하셨네요. 현실을 보면 우리 학생들의 과반수 내지 70% 정도는 노동을 제공하면서 살아가게 되죠. 말이 자영업이지 사실상 대부분의 자영업자가 1인 고용 형태임을 감안하면 노동하며 살아가는 사람들의 숫자가 90%에 달할 것으로 추산됩니다. 그런데도 기성세대는 노동에 대한 양가적인 감정을 물려주는 경향이 있습니다. 말로는 '노동은 신성한 것'이라 하면서 속으로는 노동을 천시하죠. 이게 교육에도 상당한 책임이 있습니다. 자본주의 선진국에서는 초등학교 때부터 학생들에게 노동의 소중함을 가르칩니다. 내가 어떤 과정을 거쳐 노동하는 삶을 살아가게 될 것인지에 대한 구체적인 상을 심어주는 거죠.

김은남 그러고 보니 한국의 초·중·고 수업 시간에는 경제 교육은 있어도 노동 교육은 없는 것 같습니다. 독일 같은 경우는 고등학교 수업 시간에 학생들이 모의 노사협상을 벌이는 토론 수업도 진행하던데 말입니다. 노조나 노조 파업에 대해 정부나 언론이 지나치게 비판적으로 접근하는 것도 노동에 대한 부정적인 선입견을 심어주는 요인인 듯하고요.

김상곤 우리도 이젠 바뀔 때가 되었다고 봅니다. 경기도 같은 경우 얼마 전에 교사들이 중심이 돼 〈더불어 사는 민주시민〉 교과서라는 걸 만들었는데, 여기에 노동과 노동자에 대한 내용이 들어 있습니다. 이런 식으로 교육 현장에서부터 노동의 의미, 그리고 노동자의 사회적 역할에 대해 가르쳐야 한다고 봅니다. 그래야 학생들도 노동에 대한 편견 없이 노동자의 정체성을 자연스럽게 받아들일 수 있겠죠.

김은남 다시 대학 개혁안으로 돌아가보겠습니다. 대학 서열화를 완화하고 국·공립대 비중을 늘리는 게 중요하다는 건 알겠는데, 이게 학부모와 학생들의 고통을 실질적으로 경감시킬지는 의문입니다. 실제 효과가 나타나려면 상당히 시간이 걸릴 수밖에 없는 정책들이니까요.

김상곤 그래서 제가 대학입시에 대해서도 제안을 했습니다. 현행 방식의 입시제도는 사라져야 한다고요.

김은남 지금 입시를 없애자고 얘기하셨습니까?

김상곤 생소하게 들릴 수 있다는 건 압니다. 많은 분들이 입시 없는 대학 진학은 불가능하다고 생각하실 겁니다. 그렇지만 수능 같은 방식의 입시는 우리에게 익숙한 대학 진학 방식 중 하나일 뿐입니다. 그것도 아주 나쁜 방식 중 하나죠. 지금의 입시는 가장 획일적이고 관료적이면서 비교육적인 방식이라 단언할 수 있습니다. 그런 만큼 이제는 이 '익숙한 나쁜 제도'와 결별을 선언해야 한다는 것입니다. 중학교 무시험 배정이나 고교 평준화도 처음에는 불가능하다고들 생각했습니다. 그렇지만 지금은 모두가 자연스럽게 받아들이고 있죠.

김은남 수능을 없애면 어떻게 학생들을 선발한다는 거죠? 내신만으로 선발하자는 건가요?

김상곤 제가 제안하고 싶은 것은 대학의 학제를 바꿈으로써 대학입시를 구조적으로 없애자는 겁니다. 구체적으로는 대학교 1학년에 해당하는 학생들이 진학할 고등기초대학(가칭)이라는 걸 설립하자는 겁니다. 과거에도 '국립 교양대학'이라는 이름으로 유사한 제안이 나온 바 있는데요. 제가 제안한 고등기초대학은 따로 시설을 만들 필요가 없습니다. 전국 국·공립대학이나 참여 의사가 있는 사립대학 등 기존 대학에 설치하면 되니까요. 여기서 1~2년간 기초과정을 배우게 하되, 운영과 관리는 국가가 맡고 교수진도 국가 전체적으로 배치하고 조율하자는 겁니다. 여기 진학할 학생들에게는 현행 방식의 수능 대신 자격고사를 치르게 하자는 거고요.

김은남 그러니까 프랑스의 바칼로레아(대입자격시험의 일종인 논술 시험)처럼 자격고사를 치르게 하자는 구상인가 보군요. 프랑스의 경우 일정 수준의 자격고사만 통과하면 국·공립대 아무 데나 갈 수 있게 하고 있죠.

김상곤 그렇죠. 고등기초대학은 이처럼 자격고사와 고등학교 내신 등 단순한 방법으로 진학하게 하자는 겁니다. 이렇게 1~2년간 고등기초대학에서 철학·문학·역사학·과학·예술 등 교양과정을 배운 다음, 이를 기반으로 고급 과목을 더 배우려는 학생은 전공 과정으로 따로 진학하게 하자는 거고요. 저는 서울대를 비롯한 주요 대학이 수능을 최소화해서 자격고사화하고 학생부 중심 전형만 확대해도 일반고들이 살아날 수 있을 것이라 봅니다.

김은남 입시 경쟁을 완화하려는 취지는 알겠으나 어찌 보면 굉장히 실험적인 구상으로도 보입니다. 자칫하면 교육 현장에 또 다른 혼란만 안겨줄 수도 있습니다. 지난 46년간 대학입시 제도가 38번 바뀌었다고 하죠. 이에 대한 국민들의 불신과 피로가 상당합니다.

김상곤 국민들이 무엇을 우려하는지 충분히 알고 있습니다. 그런 뜻에서 저는 대학 개혁을 비롯해 국가 교육정책 전반을 총괄하는 국가기구가 무엇보다 필요하다고 생각합니다. 명칭은 국가교육위원회도 좋고 다른 무엇도 좋습니다. 교육은 말 그대로 백년대계죠. 그런 만큼 이를 총괄할 국가기구가 만들어져 장기적인 안목으로 지속 가능한 국가 교육정책을 입안하고 실시해나가야 한다고 봅니다. 오늘날 핀란드 교육이 세계적인 경쟁력을 갖게 된 것도 1970년대 초 국가교육청이 만들어진 덕분이라고 저는 생각합니다. 핀란드의 경우 내각제 국가여서 정권이 자주 바뀔 가능성이 높은데, 교육이 권력의 부침에 따라 휘둘리면 안 된다는 판단 아래 중장기적으로 교육정책을 책임질 기구를 만들자는 사회적 합의가 이뤄진 거죠.

김은남 권력이 바뀔 때마다 교육정책이 휘청거리는 것은 한국도 마찬가지입니다. 그런 만큼 정파를 초월해 국가 백년대계를 수립할 총괄기구가 필요하다고 판단하시는 모양이군요.

김상곤 정책 수립은 물론 일정하게는 집행 기능까지 주어지는 형태가 좋을 것 같습니다. 위원장은 부총리급으로 하고, 이 기구에는 여러 교육 주체가 참여할 수 있도록 해야 할 것입니다. 소수 관료가 교육정책을 좌지우지할 것이 아니라 다양한 교육 주체가 모인 기구에서 중요한 교육적 결정을 할 수 있도록 하기 위해서요. 어쩌면 국가인권위원회와 비슷한 모형을 생각할 수도 있겠습니다. 정권 교체에 따라 영향을 전혀 받지 않는다고는 할 수 없지만, 국가인권위원회의 경우 국민의정부 시절 만들어진 이래 어느 정권에서든 독립된 위상을 유지하면서 나름 기본적인 역할을 수행해오고 있습니다. 이처럼 국가교육위원회도 상설적이고 독립적인 기구로서 약간의 집행력까지 갖춘다면 한국의 교육 모순을 해결하는 데 핵심적인 역할을 할 수 있을 것으로 기대합니다. 국민적인 동의와 공감대만 끌어낼 수 있다면 충분히 가능하다고 봅니다.

김은남 이런 제안들에 대해 정치권에서 반응이 있었나요?

김상곤 대학 개혁안에 대해서는 민주당 정책위원회가 반응을 보였는데 그 뒤로 논의가 더 진행되지는 못했습니다. 국가교육위원회를 만들자는 제안에 대해서는 지난 대선 당시 문재인·안철수 후보가 동의를 표했고요.

김은남 국가교육위원회라는 이름을 붙이지 않았을 뿐이지, 교육을 총괄할 독립적이고 상설적인 기구의 필요성은 예전에도 제기되지 않았나요?

김상곤 김대중 정부 말기 내지 노무현 정부 초기 즈음해서 이런 기구를 만들자는 제안이 처음 제기됐던 걸로 기억합니다. 당시 이를 제기했던 게 한국교원단체총연합(교총)이었어요. 교육감으로 국가교육위원회 설치를 제안한 것은 제가 처음이고요.

김은남 보수적인 성향의 교총에서 제안한 기구라면 정치권도 충분히 설립에 합의할 수 있는 것 아닌가요?

김상곤 정권 차원에서는 부담스러운 측면이 있는 모양입니다. 어쩌면 본인들이 교육을 통제할 수 있어야 정권 유지에 유리하다고 판단하는 것인지도 모르죠.

정치권력으로부터 교육을 지키는 길
-교육자치

김은남 교육감이 되신 뒤 이런저런 마찰이 많았습니다. 경기도나 경기도의회는 물론 교육부와도 여러 차례 갈등이 불거졌죠. 혹시 미리 작심하고 교육청에 들어가셨던 겁니까?

김상곤 그럴 리가요. 저는 전혀 싸움을 좋아하는 사람이 아닙니다(웃음). 그런데 교육감이 되고 나서 일을 하려다 보니 예상했던 것보다 중앙 교육권력의 횡포가 엄청나더군요. 중앙집권적인 교육 시스템 문제도 심각하고요. 이런 제약과 부딪치고 대립하면서 일해나간다는 게 쉽지만은 않았습니다.

김은남 시작은 예산 갈등에서부터였죠? 경기도 교육위원회와 도 의회가 잇달아 무상급식·혁신학교 관련 예산을 삭감하면서 소동이 벌어지는 바람에 김상곤 교육감 이름이 전국에 알려지게 되었습니다.

김상곤 2009년 5월 제가 취임한 직후 맨 먼저 교육위원회에서 무상급식 예산 절반, 혁신학교 예산 전액을 깎았죠. 도 의회에서는 무상급식 예산마저 전부 깎았고요.

김은남 교사 시국선언 문제로 교육부와 갈등을 빚은 것도 취임 첫해 아니었나요?

김상곤 맞습니다. 그해 6월 교사들이 시국선언을 했습니다. 새누리당(당시 한나라당)의 미디어법 강행 처리 등을 비판하는 내용이었죠. 교육부가 곧바로 중징계 방침을 천명했습니다. 그러면서 시·도 교육청에 10월 말까지 징계를 완료하라고 지시했죠. 이에 대해 저는 징계를 유보해야 한다는 입장을 밝혔습니다. 교사들의 시국선언은 원칙적으로 표현의 자유라는 헌법상 기본 가치로서 존중돼야 하며, 시국선언을 했다는 사실만으로 교사들을 징계하는 건 옳은 일이 아니라고 보았으니까요. 그래서 사법부 판단이 나올 때까지 징계를 유보하겠다고 한 것인데, 교육부가 11월에 접어들자 직무 이행 명령을 내리더군요. 이를 이행하지 않자 처음엔 보수단체, 나중엔 교육부가 직접 저를 직무유기로 검찰에 고발했습니다. 그 뒤 검찰이 불구속 기소 결정을 내리면서 한동안 법정을 드나들게 됐죠.

김은남 시국선언 징계 유보 건과 관련해서는 결국 무죄 판결을 받으셨죠?

김상곤 2013년 6월 대법원으로부터 무죄 판결을 받았습니다. 거의 3년 8개월 만에 무죄 판결을 확정지은 셈입니다.

김은남 감개무량하셨겠군요.

김상곤 무죄를 받은 것도 기뻤지만, 표현의 자유 그리고 교육자치가 함부로 훼손돼서는 안 될 헌법적 가치임을 다시 한 번 확인시켜준 판결이 나왔다는 점에서 무엇보다 뿌듯했습니다. 사건을 맡은 1심 재판부는 징계를 유보한 제 행위가 직무유기가 아니라 '징계권자로서의 책임감'과 '주민 직선으로 선출된 교육감으로서의 철학적 양심'에서 비롯됐다고 판단을 내렸습니다. 징계를 유보한 행위 자체도 교육감의 재량권에 해당한다고 판단했고요. 항소심 재판부에서도 이 같은 논리가 거의 받아들여졌습니다.

김은남 이 사건 말고 선거법 위반으로도 법정에 서신 적이 있죠?

김상곤 그건 좀 어이없는 사건이었죠. 2009년 말에 경기도교육청 예산 12억 원을 경기교육장학재단에 출연한 일이 있는데, 그 이듬해 교육부가 공직선거법 위반 혐의로 검찰에 저에 대한 수사를 의뢰했습니다. 2010년 교육감 선거를 앞둔 상태에서 교육감 이름과 직명이 기재된 기금증서를 재단에 전달하고, 장학금 전달 자리에서 격려사를 낭독하는 등 선거법상 기부행위 금지 조항을 위반했다는 게 이유였는데요. 이게 말이 안 되는 게 장학금 출연은 도 의회 의결 등을 거쳐 이뤄진 일이었거든요. 장학금 전달 행사에 참여한 것도 일상적이고 관례적인 행위였고요. 다행히 1심과 항소심에서 모두 무죄 판결을 받았습니다만, 왜 이토록 소모적인 법정 다툼을 되풀이해야 하는지 조금은 회의가 들기도 했습니다. 주민의 뜻에 따라 선출된 교육자치단체장이 유관 기관으로부터 잇달아 고발과 기소를 당해 수시로 재판정에 서야 한다는 건 정상적인 일은 아니니까요. 따져 보니 교육감으로 일한 초기 2년 동안 재판정에 선 일이 무려 열두 번이었더군요. 지금도 학생부에 학교 폭력 사실을 기재하라는 교육부 지침을 유보한 건으로 3건의 소송이 진행되고 있죠.

김은남 그렇잖아도 지난 5년간의 기사를 스크랩하다 보니 김상곤 교육감에 대한 고소·고발 건이 정말 많았더군요. 2009년 말에는 경기도의회가 김 교육감을 공직선거법 위반 혐의로 고발한 일도 있었습니다. 이때는 김문수 도지사가 경기도에 설치하려 했던 교육국이 문제가 됐죠. 김 교육감이 교육국 신설을 반대하면서 서명운동을 주도하고 허위사실을 유포했다는 것이 도 의회가 고발한 내용이었습니다.

김상곤 교육국 설치는 굉장히 중요한 사안이었습니다. 당시 제가 김문수 지사와 학교(서울대) 선후배 관계라는 점을 들어 '개인적인 친분도 있는 사람들이 왜 그러느냐, 대화로 풀어보라'고 권유하는 분들도 있었습니다만, 교육국 문제는 그렇게 넘어갈 사안이 아니라고 판단했습니다. 이는 교육자치의 근본정신을 침해한 폭거였으니까요. 그런데 교육국 설치를 골자로 한 조례(경기도 행정기구 및 정원 조례 일부 개정 조례안)를 도 의회가 원안대로 통과시키면서, 이에 반발하는 저를 고발 조치했던 거죠.

김은남 일반인들은 국(局) 하나 설치하는 게 뭐가 그리 큰 문제냐고 생각할 법도 한데요.

김상곤 경기도가 교육청에 있는 것과 똑같은 이름의 '교육국'을 신설하고 교육정책과를 둔다는 것은 결국 지방자치단체장이 교육에 개입하겠다는 뜻이나 마찬가지라고 봅니다. 현행법상 교육감은 정당 공천이나 추천을 받지 않습니다. 국가 백년대계인 교육이 정치 논리나 경제 논리에 함부로 침해받지 않아야 한다는 사회적 합의 아래 교육자치를 독립적으로 보장하기 위해서죠. 그런데 특정 정당에 소속된 단체장이 교육자치와 교육행정에 관한 사항을 독자적으로 기획하고 집행할 권한이 있나요? 그건 권한 남용이자 교육자치를 훼손하는 반민주적·퇴행적 행위라고 볼 수밖에 없었습니다.

김은남 그래서 결국 교육국은 어떻게 되었나요?

김상곤 나중에는 경기도 쪽에서 평생교육국으로 명칭을 바꿨습니다(2010년 10월). 일반적으로 평생교육은 도나 시가 관할하게끔 되어 있으니 이렇게 제한된 일을 한다면 더 이상 문제될 게 없죠. 경기도가 이런 결정을 내리게 된 데는 2010년 지방선거 이후 도의회가 교육국 설치를 문제 삼기 시작한 것이 영향을 미쳤을 것입니다. 2009년 교육국 관련 조례가 통과될 때만 해도 새누리당(당시 한나라당)이 다수였는데, 2010년 지방선거 이후에는 민주당이 다수가 되면서 의회 구성이 바뀌었으니까요.

김은남 지방의회와의 갈등은 그렇게 일단락되었다지만 교육부라는 중앙 교육권력과는 사실상 이명박 정부 임기 내내 부딪치셨죠?

김상곤 시국선언 교사 징계 문제를 비롯해 일제고사 문제라든가, 학교폭력 가해 사실의 학생부 기재 문제 등을 둘러싸고 계속 불협화음을 빚었습니다. 덕분에 감사도 여러 차례 받았어요. 일단 교육감에 취임한 직후인 2009년 8월부터 그해 연말까지 감사원 감사를 받았습니다. 2010년 지방선거 직전에는 역사상 가장 많은 인원이 투입됐다는 교육부 종합감사를 받았죠. 2012년에는 학교 폭력 학생부 기재 문제로 교육부 특별감사를 받았고요. 특별감사는 보통 뇌물수수 같은 비리 사건이 터졌을 때 실시하는 게 보통인데, 경기도교육청처럼 정책 문제로 특별감사를 받은 건 매우 예외적인 경우라 하더군요. 당시 교육청 담당 직원은 물론 일선 학교의 교장 선생님과 선생님들까지 감사관실로 수시로 불려가 온갖 모욕을 당하는 걸 지켜보면서 참담한 심정을 금할 수가 없었습니다. 이건 학교 폭력과 똑같은 행정 폭력이라는 생각까지 들었습니다.

김은남 당시 이주호 교육부장관을 향해 퇴진을 요구하시기도 했죠. 그 무렵 트위터에 올리신 글을 보면 '이주호 장관은 교육 파괴의 종결자임을 스스로 선언했다'라고, 평소 잘 쓰지 않던 격한 표현까지 쓰셨던데 왜 그러셨던 건가요?

김상곤 장관이 되기 전에 이주호 장관이 쓴 글을 보면 학교자치와 교육자치를 굉장히 강조했음을 알 수 있습니다. 〈평준화를 넘어 다양화로〉(2006년) 같은 책을 보면 중앙정부가 교육자치단체에 권한의 많은 부분을 이양해야 한다는 주장이 여러 차례 나와요. 실제로 그가 장관에 취임한 직후에는 교육자치를 확대하려는 듯한 구상도 일부 선보였습니다. 그런데 시간이 흐를수록 갈팡질팡하기 시작했죠. 이를테면 교원평가나 학업 성취도 평가는 중앙정부가 획일적인 방식으로 규제하기보다 개별 지역·개별 학교에 맞게 다양한 기준과 방식으로 도입할 수 있어야 한다는 게 〈평준화를 넘어 다양화로〉 시절 이주호 장관의 소신이었거든요. 그러나 장관이 된 뒤로는 결국 중앙집권적인 방식으로 일제고사와 교원평가를 밀어붙였죠.

학교 폭력 학생부 기재도 마찬가지입니다. 본래 이 주장은 김영삼 정부 때 처음 제기됐죠. 그렇지만 여론의 반발에 밀려 두 달 만에 폐기됐습니다. 김대중 정부 때는 교육행정정보시스템(NEIS)에 개인정보와 관련된 항목들을 기재하려다 인권 침해 논란이 일자 애초에 입력하려던 358개 항목 중 무려 236개 항목을 삭제하는 사건도 발생합니다. 모두 위헌·위법 가능성이 있음에도 교육부가 이를 힘으로 밀어붙이려다 실패한 사례죠. 그런데 이주호 장관이 또다시 역사를 되돌리며 교육을 파탄 내고 있다는 생각이 들었던 겁니다.

김은남 어쩌면 교육부가 거꾸로 가게 된 배경에 김상곤 교육감이 있었던 건 아닐까요? 교육부 입장에서는 '일개' 교육감이 무상급식·혁신학교·학생인권조례 같은 의제로 세상을 시끄럽게 하니까 긴장한 측면도 있었던 것 같습니다. 2010년 이후로는 이른바 진보 교육감이 여럿 배출되면서 교육부 정책에 정면 도전하는 양상도 벌어졌으니까요. 이로 인해 때로는 굳이 시비를 걸지 않아도 될 일까지 시비를 거는 듯한 장면도 연출되곤 했습니다. 이를테면 경기도와 강원도의 고교 평준화 요구를 교육부에서 반려한 사건이 대표적이었죠.

김상곤 주민들의 의견을 충분히 수렴한 뒤 적법한 절차를 거쳐 요청한 것인데, 이것이 반려되니까 처음엔 좀 당혹스러웠죠.

김은남 교육부가 고소·고발과 감사 권한을 남발한 것도 결국은 진보 교육감들을 견제하고 길들이기 위해서일 것이라고 의심하는 사람들이 많았습니다.

김상곤 그런 거라면 결과가 허탈하게 나온 셈이죠. 거의 모든 재판에서 교육부가 다 졌으니까요(웃음). 그런데 저는 이게 이명박 정부에서만 발생한 문제는 아니라는 생각도 듭니다.

김은남 그건 무슨 뜻인가요?

김상곤 이명박 정부뿐 아니라 어느 정권에서나 중앙정부의 관료적 관성이 있더라는 얘깁니다. 겉으로는 자치와 자율을 내세우다가도 막상 교육자치단체가 제몫을 하려고 들면 이를 못미더워하거나 훼방을 놓는 듯한 태도를 보이는 경향이 있어요.

김은남 교육자치단체가 독자적인 교육정책을 밀고 나가는 걸 허용하지 않는다는 뜻인가요?

김상곤 경기도의 경우 혁신학교 같은 공교육 개혁 모델을 좀 더 과감하게 추진하고 싶어도 제약이 많아요. 교육 과정이나 수업 방식, 평가 방식 등을 여전히 국가가 틀어쥐려 하는 관행에서 벗어나지 못하고 있으니까요. 교육자치 시대가 열리면서 국가 교육 과정의 기본 틀은 지키되, 이제는 지자체가 나름의 특수성을 살려 교육 과정을 운용할 수 있는 가능성이 열렸습니다. 경기도의 경우 이에 따라 2012년부터 '창의지성 교육 과정'이라는 독자적인 교육 과정을 운영하고 있죠. 여기에 맞는 기초교양 교과서(철학·사회과학·자연과학·예술·미디어 등 7종)와 〈더불어 사는 민주시민〉 교과서도 개발해 쓰고 있고요. 그런데 이런 시도에 대해 교육부가 과민반응을 보인다는 느낌을 받을 때가 많아요. 경기도교육청이 개발한 여러 교과서가 출판되기까지 이런저런 우여곡절을 겪기도 했죠. 이게 내용이나 절차상의 문제라기보다 그간 익숙했던 중앙집권적 질서가 깨져나가는 것에 대한 불안감의 표현처럼 여겨지기도 합니다.

김은남 교육감 직선제가 도입된 것이 얼마 되지 않았으니까 아직은 시행 초기에 따른 혼란이라고도 볼 수 있지 않을까요? 교육자치라는 개념도 보통 사람들에게는 여전히 낯선 측면이 있고요.

김상곤 지금은 과도기가 맞는 것 같습니다. 국가권력이 통제하던 시대와 자치·자율의 시대가 맞물려 충돌하고 있다고나 할까요? 돌이켜보면 기존에는 교육자치라는 개념이 문제가 된 일이 거의 없습니다. 중앙정부가 늘 지방 교육자치단체에 시혜를 베푸는 식이었으니까요. 그런데 이제는 '교육자치가 뭐냐? 교육감만 뽑아놓으면 그게 교육자치냐?' 하는 질문들이 생겨나기 시작한 거죠.

김은남 그런 의미에서는 김상곤 교육감이 한국 사회에 굉장히 중요한 텍스트인 셈입니다. '교육감이 바뀌면 이런 것까지 바뀔 수 있구나'라는 인식을 처음 심어준 것이 김 교육감이었으니까요. 그로 인해 2010년에는 다른 지역에서도 진보 교육감이 대거 당선하는 '이변'이 속출하기도 했습니다.

김상곤 진보 교육감을 뽑은 지역이건 아니건 간에 지방 단위에서 어떻게 자율적으로 교육의 큰 그림을 그려나갈 것인가 진지하게 고민하는 분들이 늘었습니다. 의미 있는 성과를 내고 있는 지역도 있고요. 저는 그것이 예전과 가장 달라진 점이라고 봅니다.

시사IN 조남진

경기도교육청이 '창의지성 교육 과정'의 일환으로 개발한 기초교양 교과서 〈더불어 사는 민주시민〉.

김은남 그렇지만 교육감 직선제 무용론 내지 선거 방식을 바꾸자는 목소리도 꾸준히 제기되고 있습니다. 특히 곽노현 전 서울교육감이 선거법 위반으로 물러난 뒤 이런 목소리가 더 커진 경향이 있습니다. 2011년 세종시 교육감 선거 때는 이주호 장관이 나서 공동 등록제, 곧 시장 후보가 교육감 후보를 지명하는 제도를 추진하겠다고 했다가 결국 없던 일이 되기도 했죠.

김상곤 공동 등록제는 사실상 정당 공천이나 다를 바가 없죠. 이건 교육의 자주성과 정치적 중립성을 원천적으로 부정하는 발상인 만큼 위헌 소지도 있다고 봅니다. 정당 공천을 받게 될 경우 후보들이 서로 당선에 유리한 기호를 얻으려고 경쟁하는 과정에서 더 많은 부패가 발생하고 교육계의 도덕성에도 더 큰 흠집이 날 우려도 큽니다.

김은남 본래 공동 등록제를 추진한 이유가 교육감과 단체장의 성향이나 노선이 다르면 갈등이 빈발하고, 이에 따라 다양한 부작용이 발생한다는 거였죠. 실제로 여러 지역에서 이런 양상이 나타나기도 했고요.

김상곤 갈등을 피한다는 명목으로 교육자치에 대한 주민들의 염원을 외면하는 게 과연 옳은 일인가요? 만약 중앙정부와 지방정부의 정책과 노선이 달라 국민들이 혼란스러우니 지방자치단체 선거를 폐지하자고 중앙정부가 주장하면 어떻게 되겠습니까? 선거제도에 일부 문제가 있다고 제도 자체를 폐지하려 드는 것은 말이 안 됩니다. 일부 보수 언론은 비리 교육감이 자꾸 양산된다느니, 선심성 교육정책을 남발해 국가 백년지대계인 교육을 흔든다느니 하면서 직선제를 폐지해야 한다고 주장하는데 그것도 말이 안 됩니다. 몇몇 국회의원을 둘러싼 비리 의혹 사건이 터졌다고 국회의원 직선제를 폐지할 건가요?

김은남 교육감을 직선으로 선출하는 나라가 몇 안 된다는 지적도 나옵니다. 대부분 공동 등록제나 러닝메이트제를 채택하고 있다는 것이죠.

김상곤 그건 맞습니다. 국제적으로 광역 단위에서 교육감을 직선으로 뽑는 나라는 많지 않습니다. 그런데 한국과 달리 다른 나라는 기초자치단체 단위에서 교육자치가 이뤄지고 있는 경우가 대부분입니다. 광역 단위는 행정과 통합돼 있고요. 한국은 반대죠. 기초단체 단위의 교육자치가 없습니다. 요는 교육자치를 기초 단위에서 할 것이냐, 아니면 광역 단위에서 할 것이냐의 문제인 것 같습니다. 어느 편이 더 적절할지는 나라별 특성이나 국민적 열망에 따라 달리 판단해야겠죠.

북유럽 교육 경쟁력의 핵심은 학교자치, 그리고 교육자치가 살아있다는 것입니다. 반면 일본 같은 경우는 중앙 교육권력이 워낙 막강해 교육자치가 상당히 위축돼 있습니다. 진보적인 일본 식자층은 오늘날 일본 교육의 경쟁력이 떨어지게 된 이유를 이처럼 경직된 교육자치에서 찾기도 합니다. 우리도 우리에게 맞는 교육자치 모델을 찾아나가야 합니다.

김은남 대부분의 지역에서 교육감 선거 투표율이 20%를 넘지 못하다 보니 이런 문제 제기가 더 끊이지 않는 것 같습니다. 사실상 '그들만의 리그'에 수백억 원씩 들여 선거를 치를 필요가 있느냐는 것이죠. 주변을 보면 여전히 자기가 사는 지역의 교육감 이름을 모른다는 사람도 많죠. 그만큼 교육감 선거에 무관심한 유권자가 많다는 얘긴데요.

김상곤 교육감 선거뿐만 아니라 보궐선거 형태로 치러지는 대부분의 선거가 투표율이 낮게 나오는 경향이 있습니다. 이를 놓고 '그들만의 리그'라고 부르는 것은 좀 지나친 비약인 것 같습니다. 더욱이 교육 문제만큼 국민들의 직접적인 이해관계와 맞물려 있는 영역도 많지 않죠.

무엇보다 교육감 직선제가 본격 도입된 지 올해로 7년째입니다. 사회적 합의에 의해 도입한 제도를 섣불리 되돌리려 한다는 자체가 문제가 있습니다. 자칫하면 빈대 잡으려고 초가삼간 태우는 우를 범할 수도 있어요. 교육감 직선제가 어느 날 갑자기 하늘에서 떨어진 것이 아닙니다. 첫 선거는 2007년 부산에서 치러졌지만 그 전에 이미 1990년대부터 교육감 간선제를 단계적으로 도입하는 등 교육자치를 확대하려는 열망과 노력 속에서 역사적 결실이 이뤄진 것으로 봐야 합니다. 헌법과 법률은 교육자치를 교육의 자주성과 전문성을 지키는 것으로 규정하고 있습니다. 국가와 지방자치단체는 그것을 보장할 책임이 있다고 명문화되어 있고요. 그런데 정치권이나 보수 성향 그룹일수록 이런 역사적 맥락을 도외시한 채 교육자치를 부정적으로 보면서 이를 흔들려는 경향이 있는 듯합니다.

김은남 그 이유가 뭐라고 생각하십니까?

김상곤 정치권 같은 경우는 교육을 일반 행정 내지 정치의 범주 안에 붙들어놓고 활용하는 편이 여러모로 이롭다고 판단하는 것 같습니다. 일반 행정 입장에서도 교육을 포함해 모든 사안을 자기네 영향력과 통제 범위 안에 두고자 하는 경향이 강한 거 같고요. 박근혜 정부 들어 다시 역사 교과서 파동이 불거졌는데, 이럴 때 이 같은 관점이 극명하게 드러나죠. 저는 두 가지 관점 모두에 문제가 있다고 판단합니다. 정치권력으로부터 독립해 교육의 자주성과 자율성, 전문성을 지키는 것이 교육자치의 근간입니다. 지금은 교육감 직선제 폐지를 주장하며 교육자치를 후퇴시킬 때가 아니라, 아직 미비하기만 한 교육자치를 어떻게 보완해나갈지 머리를 맞대고 고민할 때라고 봅니다.

'내 아이'를 위한 교육에서
'우리 아이'를 위한 교육으로

김은남 우리 교육이 달라지려면 어떻게 해야 할 것인지에 대해 다양한 얘기를 나눠보았습니다. 그런데 여전히 의문이 남습니다. 교육복지를 확충하고 좀 더 근본적인 교육 개혁을 추진한다 한들 학생·학부모·교사 같은 교육의 주체들이 바뀌지 않는다면 과연 교육이 달라질까요? 얼마 전 교육 관련 강연회에 갔다가 강사가 청중들에게 이런 질문을 던지는 걸 봤습니다. "오늘부터 대한민국 모든 아이들에게 사교육을 시키지 않기로 약속했다 칩시다. 여러분은 어떻게 하실 건가요? 약속대로 모든 사교육을 끊을 건가요? 아니면 몰래 내 아이만 사교육을 시킬 건가요?" 그런데 청중 다수가 후자 쪽에 손을 들더군요. 혼자 공부해 내 아이 성적을 높일 수 있는 그 좋은 기회를 왜 놓치겠냐는 거였어요(웃음).

김상곤 결국 부모가 바뀌지 않으면, 우리 어른들부터 바뀌지 않으면 그 어떤 개혁도 무용지물이라는 얘기겠죠. 우리나라 부모들은 여전히 교육에 대한 맹목적인 믿음을 갖고 있는 것으로 보입니다. 교육을 통해 더 높은 사회적 지위와 경제적 부를 얻을 수 있다는 믿음, 그리고 더 높은 사회적 지위와 경제적 부가 자녀의 행복을 절대적으로 지켜줄 수 있을 것이라는 믿음이 그것이죠. 이 때문에 본인의 희생을 감수하고라도 자녀 교육에 모든 것을 던지곤 합니다.

김은남 사실 교육 때문에 가족이 떨어져 살아야 하는 걸 외국 사람들은 도저히 이해하지 못하죠.

김상곤 제가 2013년 가을에 미국 출장을 다녀왔는데, 거기서도 많은 '기러기 자녀'들을 만날 수 있었습니다. 이 아이들을 위해 한국에서 혼자 외로움을 견디고 있을 아버지들을 생각하니 정말 안타깝더군요. 통계청 통계(2010 인구주택 총조사)를 보니 결혼은 했지만 배우자와 떨어져 사는 가구가 115만 가구고, 이중 절반인 50만 가구가량이 '기러기 가구'로 추정된다고 하던데요. 별거 가족이 늘어나는 건 전 지구적인 현상이라 합니다만, 이렇게 경제적인 문제가 아닌 교육문제로 인해 가족이 떨어져 사는 건 한국에서만 볼 수 있는 현상이라 해도 과언이 아닐 것입니다. 흔히 우리 사회를 일컬어 '미래를 위해 오늘의 행복을 저당 잡힌 사회'라 하죠. 기러기 가족만큼 이를 잘 보여주는 사례도 없을 것 같습니다.

김은남 자녀들이 행복한 삶을 살기를 바라는 것은 모든 부모들의 공통된 마음 아니겠어요? 그런데 한국에서는 유독 교육이라는 상징자본이 지닌 힘이 강하다 보니 자녀의 행복을 위해서는 모든 것을 걸고라도 교육에 올인하자는 분위기가 강한 것 같습니다.

김상곤 저는 그것이 더 안타깝다는 겁니다. 과연 우리 아이들이 자란 뒤에도 사회적 성공이나 경제적 부가 행복을 가져다줄 수 있을까요? 그건 그저 부모 세대의 기준에 맞춰 부모 스스로 믿고 있는 허상 아닐까요?

김은남 자녀 세대는 행복의 기준이 다를 수도 있다는 말씀인가요? 통상 국민소득이 2만 달러를 넘으면 소득이 더 늘어난다고 행복도가 더 높아지는 건 아니라고 경제학자들은 설명합니다. 2만 달러까지는 소득과 행복도가 정비례하지만 그 이상이 되면 오히려 '행복의 역설'이 발생한다고요. 행복경제학을 소개한 이정전 교수(서울대 환경대학원 명예교수) 같은 이는 그래서 자살률 세계 1위, 출산율 세계 꼴찌의 늪에 빠져 있는 한국 사회가 다시 살아나기 위해서는 '나를 위한 경제'에서 '우리를 위한 경제'로 나아가야 한다고 주장하기도 합니다. 무한경쟁과 승자독식을 추구하던 사회에서 협력과 상생을 추구하는 사회로 나아가야 한다는 거죠.

김상곤 제가 부모님들께 묻고 싶은 것도 그것입니다. 자녀가 행복하기를 바란다면서 정작 자녀가 다른 사람과 함께하는 행복보다는 남보다 돋보여 홀로 살아남기를 은연중에 강요하고 있는 것은 아닐까요? 부모가 이렇게 '내 자식'만 챙기게 되면 물질적 성공에 집착하거나 사회적 입신출세만 강조하기 쉽죠. 이런 양육 태도를 지닌 부모 밑에서 자란 자녀들의 경우 일반적인 아이들보다 공격적이고 물질지향적이며 개인주의적인 성향을 가질 가능성이 높다는 연구들이 많이 나와 있습니다. 이로 인해 우울증이나 마약·도박·섹스 등 각종 중독에 빠질 위험성도 더 높다고 하더군요.

사실 주변을 살펴보면 부모는 부모대로, 자녀는 자녀대로 불만이 많은 가정이 꽤 많습니다. 부모는 자신의 판단으로 최선을 다한다고 하는데, 자녀는 오히려 그것을 버거워하고 못마땅해하는 거죠. 모든 부모가 자녀의 행복을 위해 올인하는 사회에서 그 자녀들이 스스로를 세계에서 가장 불행하다고 느낀다는 것은 참으로 기막힌 역설이 아닐 수 없습니다.

김은남 결국 부모들이 겸허해질 필요가 있다는 얘기로 들리네요. '내가 알고 있는 게 전부가 아니다' '내가 아이를 사랑하는 방식이 최선이 아닐 수도 있다', 이렇게 주문이라도 외워야 하는 걸까요?

김상곤 자녀를 아끼고 사랑하는 것은 좋지만 그 방식을 돌아볼 필요가 있다는 겁니다. 결국 우리 아이들이 진정 행복하게 성장하기를 바란다면 부모들의 양육 방식을 바꾸는 게 최우선일 것 같습니다. 물론 우리 교육과 사회체제도 좀 더 나은 방향으로 바뀌어가야 하겠죠.

김은남 그런데 사실 이런 얘기를 머리로는 이해하면서도 부모들은 계속 불안해합니다. 옆집 엄마 한 마디에 흔들리는 것도 그래서고요. 저 같은 경우도 학원 안 보내고 아이를 키워온 친구가 하나 있는데, 아이가 중2가 되면서 결국 '투항'을 했더라고요. "학원에 보냈더니 아이 성적이 갑자기 몇 십 점씩 뛰어오르더라"면서요. 나름 의지해왔던 친구가 이러니 저도 마음이 왔다 갔다 하더라고요. 옆집 엄마, 정말 강적입니다(웃음).

김상곤 그래서 부모들이 모이는 커뮤니티 같은 것이 많이 활성화돼야 한다고 봅니다. 제가 생각하기엔 사교육을 서로 경쟁적으로 시키게 되는 주된 이유가 불안감 때문이거든요. 옆집 아이는 한다는데 우리 아이만 뒤처질 수 없다는 불안감에 너도나도 사교육 경쟁에 뛰어들게 되는 거죠. 그런데 이런 불안을 줄이는 최고의 비법이 바로 소통인 것 같습니다. 혁신학교 중에는 학부모들이 꾸려가는 자체 커뮤니티 카페가 활성화된 곳이 많아요. 성남의 이우학교 같은 경우는 아예 입학 당시에 학부모들이 사교육을 시키지 않겠다고 서약을 하기도 합니다. 다른 혁신학교들에서도 학부모들이 카페에서 사교육 문제를 놓고 활발하게 토론을 벌인 결과 다 같이 사교육 안 시키기 운동을 벌이게 됐다고 합니다. 결국 서로가 서로에게 불안감이 아니라 자녀 교육에 대한 확신을 주는 좋은 '옆집 부모'가 되자는 뜻이겠죠.

김은남 대단한 학부모들이네요. 어떻게 그럴 수 있었을까요?

김상곤 교육방송(EBS)의 〈학교란 무엇인가〉라는 프로그램에서 '0.1%의 비밀'이라고, 재미있는 실험을 했던데요. 0.1%라는 게 고등학교 성적 최상위 그룹을 말합니다. 이 학생들과 보통 학생들이 어떻게 다른지 실험을 해본 건데요. 통상 0.1% 최상위 그룹 학생들이라면 사교육을 굉장히 많이 받거나 머리가 좋은 학생들이라고 짐작하기 쉬울 겁니다. 그런데 실제 실험 결과를 보니까 그렇지가 않아요. 이 학생들과 보통 학생들의 가장 큰 차이점은 사교육 여부도 아니고, 지능도 아니고, 자신의 학업 능력을 얼마나 객관적으로 파악하고 있느냐 하는 이른바 메타인지 능력이었습니다.

일단 학원에서 고1 과정까지 선행학습을 한 중3 학생들이 실험 대상이었는데요. 이 학생들에게 먼저 시험지를 보여주고 20문제 중 몇 문제나 풀 수 있는지를 물어보는 겁니다. 그러면 보통 학생들의 경우 10~15개쯤이라고 답변을 해요. 그런데 막상 문제를 풀어보면 실제로 맞히는 문항 수는 그보다 훨씬 적었습니다. 15개를 풀 수 있다고 답한 학생이 8개를 맞히고, 10개를 풀 수 있다고 답한 학생이 3개를 맞히는 식이에요. 반면 최상위 그룹 학생들은 달랐습니다. 이 학생들의 경우 15개를 맞힐 수 있다고 얘기하면 실제로도 13~14개를 맞혔습니다. 그뿐 아니라 이 학생들은 공부하는 방식도 달랐습니다. 평소 공부하는 시간은 보통 학생과 큰 차이가 없지만, 혼자 공부하는 시간을 비교하면 결과가 확연히 다르게 나왔고요. 평소 꾸준하게 자기 학습을 하는 것 또한 최상위 그룹 학생들의 특징이었습니다. 시험 기간에만 반짝 공부를 하는 게 아니라는 거죠. 결국 이처럼 자기 실력을 객관적으로 파악하면서 혼자 힘으로 꾸준히 공부를 하는 것이 0.1%의 비밀이라 할 수 있겠는데, 사교육의 함정이 이런 데 있는 것 같습니다. 평범한 학생들의 경우 자기가 10~15개쯤 풀 수 있을 거라고 착각을 한 이유가 보통 학원에서 선행학습을 했기 때문이죠. 사실은 자기 것으로 소화를 하지 못했는데 다 아는 양 착각을 하게 만든 겁니다. 일종의 착시효과죠.

사교육의 경우 단기적으로 성적을 올리는 효과는 있을지 몰라도 중장기적 효과는 없다는 것이 한국개발연구원(KDI) 연구 결과입니다. 자기 주도 학습 능력이 감퇴하면서 고차원적인 능력을 계발하는 데 오히려 불리할 수 있다는 거죠. 혁신학교 학부모들의 경우도 이렇게 사교육 효과를 다룬 다양한 자료를 놓고 공부하면서 집단지성을 발휘한 결과 "사교육을 굳이 시키지 않아도 되겠구나"라는 결론에 이를 수 있었던 것으로 보입니다.

김은남 그렇게 얘기하면 어떤 학부모들은 '사교육을 더 철저히 시키면 그런 단점을 보완할 수 있다'라고 반응합니다. 실제로도 그렇게 믿는 듯하고요.

김상곤 그렇다면 사교육에 투입하는 시간과 비용을 따져볼 필요가 있겠죠. 비용 대비 효과 면에서도 과연 만족할 만한 것일까요? 사실

학원이 가장 잘하는 게 불안감을 자극하는 겁니다. 사교육이 모든 것을 해결해주리라고 믿는 부모와 학생들은 많지 않습니다. 그런데도 이런 착시효과가 나타나는 것은 결과적으로 불안을 이용한 학원의 겁주기 마케팅 전략에 넘어갔기 때문이죠. "다른 애들은 다 하고 있어요." 이 한마디면 부모건 아이건 다 끌려들어가게 돼 있다는 겁니다. 영어학원 같은 데 처음 가 테스트를 받게 되면 영어를 멀쩡하게 잘하던 아이들도 최하위급 점수를 받곤 합니다. 그래야 부모들이 더 학원에 매달리게 될 테니까요. 평범한 부모들이 이런 상술을 어떻게 당해낼 수 있겠습니까? 그런 만큼 부모 커뮤니티가 중요하다는 겁니다. 서로 안심하고 격려하는 과정에서 경쟁을 완화시키고 사교육 의존 또한 줄여나갈 수 있으니까요.

김은남 결국 교육이 바뀌려면 부모들이 머리를 맞대고 '내 아이'가 아닌 '우리 아이'를 함께 생각하며 키우는 분위기를 만들어갈 필요가 있다는 말씀인 것 같습니다. 실제로 잘되는 혁신학교를 가보면 학부모들의 참여가 굉장히 활발한 데가 많더군요. 학교 드나드는 걸 스스럼없이 여긴다고나 할까요? 몇 년 전 양평 조현초등학교에 가본 일이 있는데, 엄마아빠들이 학교의 빈 공간을 빌려 자기들끼리 목공동아리 수업 같은 걸 하는가 하면, 방과 후에도 자주 모여 이런저런 일들을 벌이는 게 굉장히 인상적이었습니다. 보통 그런 모습은 공동육아 어린이집 내지 대안학교에서나 볼 수 있었잖아요? 그런데 공교육에서도 이런 게 가능하구나 싶어 신선하다는 느낌을 받았어요.

김상곤 그렇게 부모 커뮤니티가 활성화된 학교들은 하나같이 그림을 잘 그려갑니다. 자기들끼리 알아서 학교가 나아갈 방향을 만들고 잡아가는 거죠. 선생님들과도 협력적인 관계를 유지하고요. 학부모가 참여하면 학교 교육의 부족한 점도 채울 수가 있습니다. 지금 학교에서 하고 있는 진로교육 방식에 문제가 많다는 얘기들이 많이 나오는데, 사실 진로교육이나 직업교육을 제대로 하기가 쉽지 않습니다. 사회 전반적으로 봉사나 기부문화가 아직은 성숙해지지 않아서인지 이런 교육을 해줄 만한 분들을 학교에 모시려면 정말이지 엄청난 공을 들여야 합니다. 그런데 학부모들의 참여가 활성화되면 이런 문제를 풀기가 훨씬 쉽죠. 고양시 덕양중 같은 경우는 2010년부터 학부모들이 직접 학생 멘토링을 하고 있습니다. 남의 집 아이도 내 아이처럼 돌보면서 방과 후 학습 지도도 해주고 정서적인 지원도 함께 제공하는 거죠.

학부모뿐만이 아니에요. 지역 주민까지 끌어들인 혁신학교도 많이 있습니다. 경기도 광주시에 있는 광수중학교는 지난해 '마을학교 협약식'이라는 걸 했어요. 이 학교 주변의 교육환경이 좀 열악한 편이었거든요. 그런데 언제부턴가 예술가들이 동네에 들어와 살기 시작했어요. 이분들을 학교 문화예술 교사로 적극적으로 끌어들이기로 한 것이죠. 양평에 있는 세월초등학교 같은 작은 학교도 학교 공동체와 지역 예술가들이 힘을 모아 학교를 문화와 예술의 중심으로 세워나가고 있죠.

김은남 '마을이 학교이고, 학교가 마을이다'라는 모토가 생각나는군요. 제가 지방도시에서 자랐는데, 저 어릴 적만 해도 학교 운동회에 동네 어른들이 오시곤 했어요. 학교 다니는 자녀나 손주가 없어도 마실 삼아 학교에 와 동네 아이들 크는 모습을 함께 지켜봤던 거죠. 그런데 지금은 이런 걸 상상할 수 없게 되었습니다.

김상곤 그런 마을학교를 되살리자는 발상에서 지역 주민들과 협약식을 한 거죠. 혁신학교가 진행될수록 지역과 공동체가 중요하다는 생각이 많이 듭니다. 교육감 임기 초반에는 개별 학교 단위에서 혁신학교 모형을 만드는 데 집중했죠. 그런데 시간이 흐르면서 지역에 눈을 돌리게 됐습니다. 일단은 광수중학교처럼 지역과 함께하는 교육 활동을 실험 중인 학교들이 많아졌고요. 이를 더 체계화시켜 혁신교육지구라는 것도 새로 만들었습니다.

김은남 혁신교육지구가 뭐죠? 혁신학교 여러 군데를 묶은 건가요?

김상곤 혁신학교를 지역 단위로 묶은 것은 혁신학교 벨트라고 하고, 혁신교육지구는 지방자치단체와 경기도교육청이 협약을 맺어 추진 중인 교육협력 모델을 말합니다. 일반적으로 유권자들이 많이 요구하는 게 교육의 질을 높여달라는 거잖아요? 이 때문에 교육에 신경을 쓰는 기초단체들이 많죠. '교육도시'라는 명성도 얻고 싶어 하고요. 그렇다면 이를 좀 더 적극적으로 활용해서 교육청과 지자체가 손잡고 혁신교육 모델을 함께 만들어보자, 이런 생각에서 교육감 취임 이듬해인 2010년 처음으로 혁신교육지구를 제안하게 된 거죠.

김은남 기초단체장들의 반응이 어떻든가요?

김상곤 2010년 6월, 그러니까 지방선거가 끝난 직후 경기도 내 31개 시·군 기초단체장 당선자에게 처음 제안서를 보냈는데, 20군데 넘는 곳에서 반응이 왔습니다. 그로부터 석 달 뒤 구체적인 사업 내용을 제안하고 공모를 시작했는데, 여기 참여한 지자체가 15곳이었어요. 당시 우리가 제시한 심사기준이 꽤 까다로운 편이었습니다. 혁신교육지구 사업 취지를 어떻게 반영할 것인지, 무상급식은 어떻게 시행할 것인지 일단 꼼꼼하게 따졌고요. 예산만 해도 2010년을 기준으로 지자체 일반 회계 예산의 0.7% 이상을 교육 예산에 투입할 것을 조건으로 제시했죠. 이렇게 까다로운 조건을 내걸었는데도 전체 기초단체의 절반 가까이가 공모에 참여했으니 상당한 호응을 얻은 셈이죠. 그 바람에 애초에 4곳을 지정하려다 6곳(의정부·광명·구리·시흥·안양·오산)을 지정하는 걸로 사업 계획을 바꿨습니다. 그 뒤 준비과정을 거쳐 2011년부터 본격적으로 혁신교육지구 사업을 진행했죠.

김은남 혹시 민주당 소속 단체장들만 공모에 참여한 것 아닌가요?

김상곤 전혀 그렇지 않았습니다. 소속 정당과 관계없이 고르게 혁신교육지구에 관심을 보였어요.

김은남 그 전에도 기초단체장들이 교육 관련 공약을 내거는 예는 많았습니다. 특목고 내지 기숙형 학교를 유치하겠다든가, 명문대 진학률을 끌어올리겠다든가 뭐 그런 식이었죠.

김상곤 혁신학교는 기존 명문학교와는 성격이 다르죠. 혁신학교는 혼자 잘 나가는 게 아니라 자신의 성공 경험을 이웃과 지역 학교로 일반화시키는 게 중요합니다. 그것이 혁신학교를 지정한 목적이기도 하니까요. 그런 만큼 혁신학교를 확산시키려면 지역 전반의 교육문화와 분위기를 바꿀 필요가 있습니다. 그러자면 지자체와 협력을 해야죠.

더욱이 교육청 예산만으로는 일선 학교가 필요로 하는 것들을 충분히 채울 수가 없습니다. 보다 체계적이고 지속적인 지원을 하기 위해서도 지자체 협조가 절실합니다. 그런 의미에서 혁신교육지구 사업은 지자체와 교육청이 서로 윈윈할 수 있는 가능성을 보여주었다고 생각합니다.

김은남 그런데 문제는 이것도 '사업'이라는 거죠. 교육청이나 지자체가 무슨 사업을 하겠다고 나서면 거부반응부터 보이는 교사들이 많습니다. 가시적인 성과를 보이기 위해 쓸데없이 형식적인 사업을 벌이는 경우가 많다는 거죠. 실제로 예산을 지원받는 사업을 하게 되면 학교 인테리어부터 뜯어고친다거나, 쓸데없이 고급스러운 자료집을 발행한다든가 하는 학교가 여전히 많은 것 같습니다.

김상곤 그런 우려는 충분히 이해합니다. 실제로 과거에는 지자체 내지는 교육청이 단독으로 사업을 결정한 다음 예산을 투입해 이를 밀어붙이는 방식으로 일이 진행되는 경우가 많았죠. 이로 인해 많은 일선 교사들이 격무에 시달리기도 했고요. 혁신교육지구는 과거의 이 같은 사업 방식과 차별화하고자 했습니다. 우선 학교 단위의 자율성을 최대한 존중하고, 지자체나 교육청은 이를 지원하는 역할에 머물도록 했습니다. 그렇다 해도 처음에는 교사들이 부담을 호소하는 경우가 있었습니다. 행사나 체험 활동 등에 너무 많은 예산을 쓰게끔 되어 있었거든요. 그러나 시간이 흐를수록 이런 문제점들이 보완되면서 보여주기식 사업보다는 정규 수업 시간을 좀 더 깊이 있게 꾸려나가는 쪽으로 예산을 쓰도록 방향을 바꿔나갔습니다. 구체적으로는 교사들의 업무 부담을 줄여주기 위한 행정인력을 채용하거나 사서·상담교사 등을 새로 배치하는 등 인력을 지원하는 데 예산을 우선적으로 쓰도록 했습니다. 인력 지원이야말로 학생과 교사에게 실질적인 도움이 될 테니까요. 어쩌면 이게 기존 사업과 가장 차별화된 모습일지도 모르겠습니다.

그중에서도 특히 좋은 반응을 얻은 것이 협력교사 제도입니다. 수업을 진행하다 보면 수업 내용을 따라오지 못하는 학생들이 있거든요. 이 학생들을 돕는 일종의 학습 보조교사를 둔 겁니다. 이로써 수업을 할 때면 교사 두 명이 함께 교실에 들어가게 됐죠.

김은남 북유럽 학교를 견학하면서 우리나라 사람들이 가장 부러워하는 제도 중 하나가 협력교사였죠. 그런데 혁신교육지구에서는 이미 이 같은 제도를 도입하고 있는 모양이군요.

김상곤 모든 학교에서 도입하고 있는 것은 아니고, 예산이 닿는 범위 안에서 협력교사를 쓰고 있습니다. 교사 혼자서는 뒤처지는 학생 하나하나를 일일이 챙길 수가 없죠. 그러다 보니 저학력의 책임이 고스란히 학생 개인 내지는 학부모에게 전가되고, 이들이 다시 사교육을 찾는 악순환이 반복되는데, 이런 악순환을 끊는 데 협력교사가 상당한 역할을 할 수 있으리라 기대합니다. 협력교사는 수업 시간뿐 아니라 방과 후에도 학생들을 돌보는 역할을 합니다. 평소 학생들과 공감대를 형성하는 데도 많은 시간을 보내고요. 그런 만큼 학생과 학부모의 만족도가 높게 나타나는 것 같습니다.

김은남 그런데 협력교사도 그렇고, 새롭게 충원된 사서교사나 상담교사도 그렇고, 거의가 비정규직으로 채용되었어요.

김상곤 그 점은 정말 죄송스럽게 생각합니다. 정규직 정원(TO)은 국가가 정하게 되어 있는 만큼 경기도교육청에 권한이 없어요. 그래도 경기도교육청에서 할 수 있는 만큼은 최선을 다해 노력하고 있습니다. 이분들을 제대로 대우해야 자부심을 갖고 아이들을 대할 수 있을 테니까요.

김은남 지난해 혁신교육지구 사업 현황을 보니 해당 지자체와 교육청이 보통 7 대 3 비율로 사업 예산을 충당하고 있더군요. 지자체별로 적게는 22억 원에서 많게는 50억 원까지 예산 지원을 하고 있으니 결코 적은 액수는 아닌 듯한데요. 이에 걸맞은 성과가 나오고 있다고 자평하시는 건가요?

김상곤 일차적으론 혁신교육지구 6곳 모두 관외(외부)로 나가는 학생 비율이 줄어들었으니까요. 광명시 같은 경우는 주민 수가 줄어드는 추세였다가 최근 다시 역전됐다 하더군요. 물론 이렇게 된 데는 다른 이유도 있을 수 있겠으나 교육이 중요한 역할을 한 것만은 분명한 것 같습니다. 광명시장님도 과거와 달리 요즘엔 서울에서 광명으로 역(逆)전학을 선택하는 학생들이 생겨나고 있다고 얘기하시고요.

또 다른 예로 오산시 같은 경우는 지난해 시내 초등학교 21개교의 3학년 학생 전부를 대상으로 일 년에 15~30시간가량 수영 체험 수업을 제공했습니다. 이렇게 지역별로 특성화한 교육 프로그램에 대한 만족도도 굉장히 높게 나타나는 편입니다. 특히 오산은 시민들의 활약이 대단했어요. 수영 수업비용이야 오산시와 경기도교육청이 반반씩 부담했지만 나머지 비용, 그러니까 학교에서 수영장까지 오가는 동안 이용할 이동수단이라든가 수업 준비물이라든가 간식 등은 오산시내 유관기관과 여러 자원봉사자가 제공해주셨거든요. 이렇게 시민들이 자발적으로 협력해주지 않았다면 이들 프로그램을 운영하기가 쉽지 않았을 것입니다. 그런 의미에서 오산 사례는 전국적으로 확산해도 좋을 만한 모형이라고 생각합니다. 민·관이 협력한 교육 거버넌스(governance)의 모범을 잘 보여주었으니까요.

김은남 다양한 교육 실험을 벌이시면서 욕심이 점점 커지는 듯하네요(웃음). 이젠 학부모와 지역사회라는 자원까지 끌어들여 활용해야 한다는 얘기를 하시고 싶은 건가요?

김상곤 그간 우리가 학교 공동체라는 표현을 써왔죠. 그렇지만 이제까지의 한국 교육은 실질적으로 공동체적 역할을 해내기가 어려웠던 상황이라 생각합니다. 불안과 경쟁이 만성화된 환경에서는 공동체를 기대하기 어렵죠. 이제는 상황이 조금씩 바뀌고 있다고 봅니다. 경쟁보다 협력과 상생의 가치에 공감하는 어른들이 점점 늘고 있으니까요. '내 아이'가 아닌 '우리 아이들'이 더불어 행복하기를 바란다면 교사·학생·학부모는 물론 지역 주민까지 참여한 교육 거버넌스로 학교 문화를 바꿔나갈 필요가 있을 것 같습니다. 교육 거버넌스는 기존의 국가 중심적 교육제도를 보완할 유력한 대안이기도 합니다.

4
김상곤의 삶과 꿈

4부에서는 김상곤 교육감이라는 개인을 좀 더 알아보고자 했다. '경기도 혁신교육이 혹시 김상곤 개인의 독특한 리더십으로 인해 실현될 수 있었던 특수 모델은 아니었을까?' 의문을 품을 독자들에게 다각적인 판단의 기회를 제공하기 위해서다. 그의 삶은 어찌 보면 단조롭고 어찌 보면 심심하다. 교육감이 되는 과정에서도 남다른 포부랄까, 권력의지는 찾기 어렵다. 그럼에도 한 가지만은 분명하다. 한 사람의 일생은 결국 그가 이루고자 하는 가치에 따라 좌우된다는 것. 그는 평생 정의가 실현되는 세상을 꿈꾸었고, 이를 위해 자신에게 주어진 길을 마다하지 않았던 것으로 보인다. 그가 리더십을 발휘할 수 있었다면 그것은 그의 가치에 공감하는 사람들이 많아진 덕이리라.

총학생회장, 강제징집, 그리고 학자의 길

김은남 전남 광주에서 태어나 자라셨다고요.

김상곤 그렇습니다. 한국전쟁 직전인 1949년 광주에서 태어났죠. 태어나자마자 피란 다니느라 어릴 적엔 병치레를 자주 했다고 들었습니다.

김은남 약력을 보니 광주서중과 광주제일고를 나오셨어요. 광주서중과 제일고라면 당시로서는 호남 최고의 명문 중고등학교죠. 그 시절에도 명문학교에 들어가기 위해 사교육을 받았나요?

김상곤 그 시절엔 대부분 혼자 공부했죠. 아주 잘사는 집 자녀들이나 예외적으로 과외를 받곤 했는데 제 주변에선 별로 못 본 것 같고요. 담임 선생님이 공부 잘하는 아이들을 따로 불러내 과외를 시켜주신 일은 있었습니다. 저도 5학년 때 한두 달 정도 담임 선생님께 과외를 받은 기억이 납니다. 제가 광주 서석초등학교(당시는 서석국민학교)를 다녔는데, 그때는 한 반에서 60~70명이 공부를 했거든요. 한 학년도 17반이나 됐고요. 말 그대로 과밀학급, 거대학급이었죠. 그래도 선생님들이 정말 열심히 가르쳐주셨습니다. 제 기억에 한 반에 10명 정도는 서중학교를 갔던 것 같습니다.

김은남 선생님들에 대해 좋은 기억을 갖고 계신 모양입니다. 저는 학교 다닐 때 특정 아이를 편애한다거나 폭력을 심하게 행사한다거나 하는 선생님을 만난 경험이 오히려 오래도록 기억에 남던데요(웃음).

김상곤 그때도 학교에 문제 있는 선생님은 있었겠죠. 그런데 저는 운좋게도 계속해서 좋은 선생님들을 만났던 것 같습니다. 특히 기억에 남는 분이 6학년 때 담임이셨던 이무겸 선생님이에요. 그 선생님은 그 많은 아이들의 이름은 물론 사는 동네까지 다 기억하고 계셨어요. 퇴근도 안 하고 늦게까지 남아 일하시며 아이들을 챙기셨죠. 제가 6학년 때 5·16이 일어나서 거리 분위기가 좀 불안했거든요. 그런데 선생님이 하교 때면 언제나 교문 앞에 나오셔서 "그 길은 위험하니까 돌아가라" "너는 누구와 함께 가라" 일일이 챙겨주셨던 게 기억나요. 그래도 불안하면 다 큰 6학년 아이들을 집 앞까지 데려다주시기도 했고요.

그때 제가 반장을 했는데, 반장이라고 특별히 봐주시는 법이 없었어요. 오히려 더 엄격하게 대하셨죠. 반장 역할을 제대로 못한다고, 시험점수만 높다고 공부 잘하는 게 아니라고 야단도 자주 치셨습니다. 때로는 하교 후 남아 공부하는 아이들을 도와주라고도 하셨어요. 그런 게 반장으로서 갖춰야 할 통솔력이라고요. 어린 마음에도 그게 원망스러운 게 아니라, 선생님이 보여주시는 사랑의 방식이라는 생각이 들었어요. 우리를 지극히 염려하고 아껴주셔서 저러시는구나, 그런 생각을 했죠. 저뿐 아니라 반 아이들 모두가 선생님을 진심으로 좋아하고 따랐습니다. 다른 반 아이들이 우리를 많이 부러워했죠. 그 뒤 중학교에 가서도 좋은 선생님, 감동을 주는 선생님을 많이 만났습니다. 그런 면에서 제가 정말 복 받은 사람이라는 생각을 해요.

김은남 이무겸 선생님 같은 분이 인생에서 굉장히 중요한 영향을 미친 셈이군요. 부모님은 어떤 분이셨나요?

김상곤 아버님이 말단 기능직 공무원이었어요. 어머니는 평범한 주부였고요. 전쟁 직후 다들 힘들고 어려운 분위기 속에서도 두 분 모두 자식들한테 엄청난 사랑을 보여주셨죠.

김은남 김상곤 교육감도 공부를 잘하셨지만 바로 위 형님도 서울대 공대를 다니셨더군요. 부모님의 교육열이 대단하셨던 모양입니다.

김상곤 특별히 자식들한테 '공부하라'는 얘길 하시지는 않았어요. 학교에 오시는 일도 거의 없었죠. 어머니도 하숙을 치느라 늘 바쁘셨거든요. 말이 하숙이지 정식 하숙집은 아니고, 집에 방이 여러 개 있다 보니 시골에서 올라온 학생들을 많이 데리고 있었죠. 많을 때는 열 명 가까이 북적거리며 산 적도 있었어요. 그때는 하숙비도 쌀로 대신 내고 그랬죠. 그 많은 식구들을 건사하려니 어머니가 늘 바쁘셨어요. 그때 말로 식모도 두지 않고 혼자 살림을 다 하셨으니까요. 제가 초등학교 때 누나는 이미 시집을 가버려서 제가 어머니를 도와 부엌일도 많이 했죠. 설거지도 하고, 솔 껍질 모아서 불도 때고, 심부름도 많이 하고…… 뭐 그러면서 부엌에서 맛있는 걸 혼자 몰래 집어먹기도 했고요(웃음). 그 바람에 입학식이나 졸업식에 부모님이 오신 기억이 없어요. 늘 방금 말씀하신 형, 그러니까 저보다 네 살 위인 둘째 형이 대신 참석하곤 했죠. 돌이켜보면 그때는 다른 집도 거의 마찬가지였어요. 어느 부모나 학교 일은 선생님한테 맡기는 걸로 생각하고 관심을 두지 않았죠. 사실 먹고사느라 바빠 관심을 둘 여유도 없었고요. 대신 우리 부모님 같은 경우 흐트러지는 일 없이 늘 반듯하게 살아가는 모습을 보여주셨던 게 자식들한테 살아 있는 교육이 됐던 것 같아요.

김은남 두 분이 삶의 자세로 자녀들을 교육시킨 것이지, 특별히 따로 교육열을 발휘한 것은 아니었다는 말씀으로 들리네요.

김상곤 두 분 모두 초등학교 중퇴 학력이었어요. 아버님은 한학을 좀 하신 분이었는데, 자신의 삶의 과정을 붓글씨로 다 기록해두셨죠.

자식들의 성장 과정도 매일매일 기록하시고요.

김은남 자식들의 성장 과정을 기록하셨다고요? 요즘도 그런 아버진 찾아보기 어려울 것 같은데요.

김상곤 성장 과정이라기엔 좀 거창하고, 나중에 아버지가 쓰신 기록을 보니 자식들마다 몇 시에 학교에 가 몇 시에 돌아왔다, 오늘은 뭘 잘 했고 뭘 잘못했다, 이런 것들을 기록해두셨더라고요. 특히 다른 자식보다 저에 대한 기록을 많이 남기셨고요.

김은남 특별히 편애하셨던 건가요? 아니면 말썽을 많이 부린 아들이라 특별 관리를 하셨던 건가요?

김상곤 그런 건 아닌 것 같아요. 제가 워낙 어려서부터 '범생이'였으니까요(웃음). 이건 비하인드 스토린데, 제가 어릴 적에 어머니가 사주를 보신 일이 있다고 해요. 그런데 당시 점쟁이가 제 사주를 보더니 잘되면 아주 잘되고 안 되면 암흑세계로 빠질 수도 있는 아이니 잘 보살펴야 한다고 그랬다고 해요. 더구나 제가 어린 시절 몸이 약한 편이었어요. 특별히 아픈 데는 없었는데 초등학교 때까지는 체력이 약한 편이었죠. 부끄럽지만 그 바람에 중학교 들어갈 때 체력장을 간신히 통과하기도 했고요. 당시 달리기, 멀리뛰기, 턱걸이, 공 던지기 4가지 종목을 시험 봤는데, 기본점수를 간신히 넘겼어요. 그 바람에 형들이 "그것도 못하냐"고 놀렸던 기억이 생생합니다. 그래서

부모님이 저를 더 꼼꼼히 챙기셨던 것 같아요.

김은남 그 뒤로도 체력이 약한 편이었나요?

김상곤 중학교 이후로는 키도 크고 체력도 좋아졌습니다. 고등학교 들어갈 때는 체력장에서 만점 가까운 점수를 받았죠(웃음).

김은남 범생이라면 성장 과정에서 특별히 부모님과 갈등을 빚은 기억은 없겠네요.

김상곤 고등학교 때 아버님한테 한두 번 혼이 난 기억은 있어요. 제가 고등학교에 가고부터는 광주시내에 있는 YMCA를 열심히 다녔거든요. 여기서 청소년 클럽 활동을 하면서 많은 것을 배웠죠. 다른 학교 선후배들과 어울리면서 책 읽고 토론하는 재미도 이때 알았고요. 영어회화 공부한다고 미 공보원도 열심히 다녔어요. 그런데 이런 데 빠져 지내다 보니 귀가 시간이 불규칙해졌어요. 그 바람에 아버님한테 꾸지람을 좀 들었죠. 아버님 보시기엔 얘가 공부는 안 하고 엉뚱한 데를 다니는구나 싶었을 테니까요. 그래도 꾸준히 다녔죠.

김은남 나름 반항을 하신 셈이네요.

김상곤 반항이랄 것까진 없고, 다만 YMCA 다니는 횟수를 좀 줄이라 하셨는데 "괜찮습니다. 잘할 수 있습니다" 하면서 그냥 다닌 거죠. 그러고 보면 그때가 본격적인 사춘기였으니 반항을 하긴 한 셈인가

요?(웃음)

김은남 1968년에 고등학교를 졸업했는데 대학에 입학한 것이 1969년이에요. 재수를 하신 건가요?

김상곤 고등학교 3학년 때 작은 사고를 당해 두세 달 병원 신세를 진 일이 있어요. 그러고 나서 시험을 봤더니 성적이 원하는 만큼 나오질 않더라고요. 서울에 올라와 당시 광화문에 있던 재수학원에서 재수하고, 이듬해 다시 시험을 쳤죠.

김은남 결국은 아버님이 우려하시던 일이 벌어진 거네요. "거봐라, 역시 내 말 안 듣고 돌아다니더니 그렇게 됐구나" 하시진 않던가요?

김상곤 본디 그런 말씀을 하시는 분이 아니었어요. 학교 다닐 때도 제가 성적이 떨어지면 꾸중을 하거나 성적을 직접적으로 언급하시기보다 "잘 챙겨라" 하는 정도로만 얘기하셨죠. 대학에 떨어졌을 때도 제가 마음 상할까 봐 배려해주시는 게 느껴졌어요.

김은남 재수 끝에 들어간 곳이 서울대 경영학과입니다. 왜 경영학과를 선택하셨어요?

김상곤 처음에는 법대를 가려고 했어요. 재수하면서 경제학과를 가는 쪽으로 마음을 바꿨죠. 그런데 원서를 쓸 무렵, 당시 서울대 공대에 다니던 둘째 형이 경영학과는 어떻겠냐고 권유하더라고요. 그때가

서울대 경영학과에 다니던 시절. 뒷줄 맨 오른쪽이 김상곤 교육감이다.

경기도교육청

서울대에 경영학과가 생긴 지 얼마 안 된 시점이었는데, 앞으로는 경영학이 유망할 거라면서요. 경영관리 쪽을 알아놓으면 경제학을 공부하는 데도 유리할 거라는 형 얘기를 듣고 경영학과에 가기로 마음을 굳혔죠.

김은남 이런 질문을 드리는 이유가, 사실 경제학이라면 몰라도 경영학 전공자 출신이 사회운동을 하게 되는 경우는 굉장히 드물잖아요. 뭐랄까요, 경영학은 어찌 보면 돈 버는 법을 연구하는 학문이라고 생각하게 되니까요.

김상곤 실제로 살아오면서 "경영학을 공부했으면 돈을 벌거나 기업을 경영할 일이지 왜 돈 안 되는 사회운동을 하고 있느냐"는 질문을 받은 일이 많아요. 그럴 때마다 저는 이렇게 답해요. "그렇다고 모든 경영학자가 돈 버는 데만 전념하면 그것도 재미없잖아요?"라고요. 그런데다 제가 대학 다닐 때는 경영학과 경제학 사이에 벽이 낮은 편이었어요. 서울대만 해도 상대에 경영학과와 경제학과가 같이 있었던데다, 경제학에서 경영학으로 전공을 바꾼 교수들도 꽤 있었죠. 경영학과에 운동권도 많았고요.

김은남 대학 시절 잊을 수 없는 은사로 변형윤 교수(서울대 명예교수·경제학)를 꼽으신 걸 어디선가 본 일이 있어요. 이분도 당시 상대에서 만났겠군요.

김상곤 1970년 종암동 캠퍼스에서 선생님의 경제학 강의를 처음 들었죠. 그때 이분이 미국 유학에서 막 돌아온 40대 학장이셨거든요. 그런데 이분이 강단에 서자마자 정부 경제정책에 대해 거침없이 비판을 하시는 거예요. 성장일변도 경제정책은 한계에 봉착할 수밖에 없으며 그 속에서 서민들의 삶 또한 고통 받을 수밖에 없다고요. 그분이 결코 달변이랄 수 없는 느릿한 어조로 이런 말씀을 하실 때면 우리 모두 숨을 죽였죠. 그때는 양심적 지식인이라는 사람들도 다들 입을 닫던 시절이었으니까요.

김은남 경영학 전공한 것을 후회하신 일은 없나요?

김상곤 저는 경영학이 좋았습니다. 우리가 살아가는 게 현대 자본주의 사회잖아요. 현대 자본주의 사회를 이끌어가는 주요 생산 주체가 기업이고요. 그러니 경영에 대해 아는 것이 현대 자본주의를 이해하는 출발점이 될 수 있죠. 더욱이 경영학이라는 게 본래 기업 조직을 연구하는 학문이지만 궁극적으로는 모든 조직을 연구하는 데 필요한 방법론과도 통하거든요. 경영자 입장에서뿐 아니라 노동자 입장이나 다른 다양한 이해관계자 입장에서 경영을 이해할 수 있게 되죠. '경영학=자본가를 위한 학문'이라 생각할 것이 아니라 이렇게 다양하게 접근하면 기업 조직은 물론 일반 조직에 대해서도 훨씬 폭넓은 사고를 할 수 있습니다.

김은남 노동자 입장에서 경영에 접근하는 게 경영학의 주류는 아니잖아요?

김상곤 말씀하신 대로 비주류죠. 그렇지만 비주류의 끊임없는 비판과 발전이 사회 발전에 도움이 되어왔다는 것을 상기할 필요가 있습니다. 실제로 독일 등 유럽 국가에서는 이런 관점을 나름대로 정리하고 체계화해왔죠.

김은남 경영학이 노동자에게도 도움이 될 수 있는 학문이라 하셨는데, 노동 문제에 대해 특별히 관심을 갖게 된 계기가 있었나요?

김상곤 대학 1학년 때 농촌 봉사활동을 갔는데, 그때가 제2차 경제개발 5개년 계획으로 산업화와 공업화가 본격 진행되면서 농촌 해체가 한참 가속화되던 시기였어요. 농촌 사람들이 고향을 떠나 도시로 올라와 도시빈민층을 형성하면서 노동자 계급이 막 생겨나고 있었죠. 농촌 봉사활동을 통해 사회문제에 눈을 뜬 셈이랄까요. 2학년에 올라가자마자 후진국사회연구회라는 써클을 만드는 데 참여했어요. 서울대 상대·법대·문리대 3개 단과대 학생들이 중심이 되어 서울 용두동과 청계천 등지를 돌면서 도시빈민 실태도 조사하고 관련 대책도 궁리해보는 그런 모임이었죠. 그런데 그해(1970년) 11월 13일 전태일 열사가 분신을 한 거예요. 엄청난 충격을 받았죠. 그 뒤 써클 멤버들이 청계천 상가 실태 조사에 나섰어요.

김은남 "대학생 친구가 있으면 좋겠다"던 전태일 열사의 말이 생각나는군요. 결국 그의 사후에 대학생들이 나선 셈이네요.

김상곤 청계천 일대를 돌아다니면서 정말 눈물도 많이 흘리고 가슴도 많이 아팠습니다. 그 시절이야 누구나 어렵게 살았겠지만, 특히나 봉제업 현장은 노동조건이나 노동환경이 너무도 열악하더라고요. 그 시절 청계천에 가면 상가가 여러 군데 있었는데, 상가마다 촘촘히 들어선 봉제공장에 가보면 대부분 1개 층을 위·아래 절반으로 나눠 작업실로 썼어요. 허리도 펼 수 없을 만큼 좁은 그곳에서 노동자들이 하루 종일 섬유원단에서 발생하는 먼지를 마셔가며 봉제 작업을 하고 있었던 거죠. 그러니 노동자 대부분 약을 달고 사는 형편이었어요. 폐 관련 질병을 앓는 노동자도 많았고요. 그중에서도 처우가 특히 열악한 게 이른바 '시다'라 불리는 보조공이었습니다. 시다들은 월급도 제대로 못 받고 일하는 경우가 대부분이었어요. 굶기도 밥 먹듯 하고요. 훗날 조영래 변호사가 쓴 〈전태일 평전〉을 보면 전태일 열사가 차비를 아껴 이들에게 풀빵을 사주는 얘기가 나오죠. 시다뿐 아니라 다른 봉제공들도 근로기준법 밖에 놓여 있긴 마찬가지였어요. 그런데도 내부 위계가 철저하다 보니 다들 위에서 시키는 대로 할 수밖에 없었던 거죠. 전태일 열사가 나오기 전까지는요.

김은남 그렇다면 그때부터 본격적으로 학생운동을 하신 건가요?

김상곤 학생운동은 대학교 입학하자마자 하게 됐어요. 제가 1학년이었던 1969년에 박정희 당시 대통령이 3선(選) 개헌을 시도했거든요. 사회 전반이 저항으로 들끓던 시기였죠. 그때는 당구장에서 당구치던 대학생들도 시위가 시작되면 다들 나와 대열에 합류하곤 했어요. 신입생인 저도 자연스럽게 3선 개헌 반대 데모에 합류하게 됐고요. 그러면서 다른 단과대 친구들과 친해지게 되고, 2학년 들어 후진국사회연구회도 조직하게 된 겁니다. 그렇게 2학년 말이 되니까 주변에서 상과대 학생회장을 맡으라고 하더군요. 저는 지연으로 보나 학연으로 보나 소수 그룹에 속했는데, 어쩌다 보니 제가 그 역할을 맡게 됐습니다. 그런데 3학년 1학기가 되자마자 전국적으로 교련 반대 운동이 벌어진 거예요.

김은남 요즘 세대에게는 교련 반대 운동이라는 용어 자체가 생소할 겁니다. 조금 자세하게 설명해주시죠.

김상곤 1971년이 굉장히 중요한 해였어요. 4월 27일엔 대통령 선거, 5월 25일엔 국회의원 선거가 있었으니까요. 이를 앞두고 1970년 말부터 대학마다 교련 수업을 강화한다는 지침이 발표됐죠. 수업 시간도 늘리고 학점 비중도 높인다고요.

김은남 교련 수업이라는 게 일종의 군사훈련이잖아요. 왜 이걸 강화한다고 했을까요?

김상곤 양대 선거를 앞두고 정권 입장에선 본인들에게 유리한 정국을 형성할 필요가 있다고 판단했던 것 같습니다. 군사적으로 긴장된 분위기를 조성하는 게 선거에 유리하다고 보았겠죠. 이 때문에 서울대의 경우 3월에 개학하자마자 단과대별로 학생총회를 열었는데, 90% 이상이 교련 확대에 반대한다고 뜻을 모았어요. 그 뒤 다른 대학들도 약간의 차이는 있었지만 모두가 교련 반대 운동에 동참했고요.

김은남 공안 통치는 지금도 낯선 용어가 아닙니다만, 어쨌거나 당시 대학생들이 일치단결해 이에 대한 저항을 벌인 셈이었군요. 기록에 따르면 1971년에 강제징집을 당한 걸로 나오던데, 결국 교련 반대 운동 때문에 군대에 끌려가신 건가요?

김상곤 교련 반대 운동 말고도 일이 많았습니다. 4·27 대선 이후 선거 부정에 항의하는 시위가 계속 벌어졌거든요. 그랬더니 곧바로 휴업령이 내려졌습니다. 저는 무기정학을 받았고요. 결국 1학기를 얼마 다니지도 못한 채 여름방학을 맞았죠. 여름방학 때는 일본 사토 수상이 처음으로 한국을 방문한다고 해서 이에 반대하는 시위를 조직하기도 했습니다. 파란만장한 1971년이었죠. 그러다 2학기 들어서는 정학 조치가 해제돼 다시 학교를 다니게 되면서 제가 총학생회장을 맡게 됐습니다. 그때는 3학년 중에서 간선으로 총학생회장을 뽑았거든요. 당시 제가 총학생회장이 되자마자 주도한 것이 중앙정보부 해체 운동이었어요.

김은남 그 즈음이면 중앙정보부의 위세가 하늘을 찌르지 않았나요? 가뜩이나 대통령이 3선에 성공하면서 운동권 진영의 분위기가 위축돼 있었을 것 같은데요.

김상곤 "날아가는 새도 떨어뜨린다"고 할 정도로 위세가 막강했죠. 지금도 국가정보원의 정치 개입이 문제가 되고 있지만, 당시는 정치 개입 정도가 아니라 아예 중앙정보부가 정치공작의 최일선에 나섰던 시기니까요. 그런 만큼 우리 사회가 민주화하고 발전하려면 중앙정보부 같은 기구가 해체돼야 한다는 생각을 자연스럽게 할 수밖에 없었습니다. 중앙정보부야말로 박정희 3선의 첨병이자 한국 사회 발전의 걸림돌이었으니까요.

김은남 중앙정보부가 가만있지 않았겠군요.

김상곤 그해 10월 결국 중앙정보부에 끌려갔죠. '언젠가 이런 일이 닥칠 수도 있다'고 늘 마음먹고 있었지만 막상 중앙정보부에 끌려가니 아찔하더군요.

김은남 고문을 당하시거나 하지는 않았습니까?

김상곤 구타와 고문은 그 시절 기본이었죠. 그나마 그런 일을 겪고도 몸과 정신에 이상이 없었던 것을 감사하게 생각할 뿐입니다. 고문을 겪은 뒤 당시의 기억에서 헤어나지 못하고 육체적·정신적 후유증에 시달리는 모습을 주변에서 너무 많이 보았거든요.

김은남 어쩌면 인생에서 처음으로 맞닥뜨린 본격적인 시련이었을 텐데, 그런 시련이나 역경이 닥칠 때는 어떻게 이겨내시나요?

김상곤 이런 말씀을 드리면 좀 이해가 안 갈 수도 있을 텐데…… 그냥 저보다 힘든 사람들을 생각하면서 견뎌냅니다. 고문을 받을 때는 독립운동을 했던 선열이나 민주화운동을 하다 고초를 겪은 선배들을 떠올렸어요. 그러면서 '이 정도는 견뎌내야 한다. 잘못된 정권의 하수인들한테 꺾일 수는 없다'고 속으로 다짐했죠. 그 뒤로 유신 시기나 전두환·노태우 정권 때도 몇 차례 고비를 겪었어요. 미행을 당하거나 뒷조사를 당하는 일은 기본이고, 잡혀갈 위협을 느껴 몸을 피한 적도 여러 번이었습니다. 그럴 때도 사회 기층에서 나보다 어렵게 사는 분들이 수없이 많다는 생각을 하면서 어려운 상황을 견뎌냈죠. 저만 해도 우리 사회에서 혜택을 받은 사람이잖아요? 제가 대학 갈 때 대학진학률이 10%가 안 됐는데, 저는 고등교육을 받고 지식인으로 성장할 수 있었으니까요.

김은남 지식인으로서의 역사적·사회적 소명을 생각하면서 시련을 견뎌냈다는 말씀인가 보네요. 군대는 중앙정보부에서 풀려난 뒤 곧바로 간 건가요?

김상곤 그때는 다 그렇게 강제 입영이 됐으니까요. 1971년 겨울에 입대해 경기도 연천 20사단에서 36개월 조금 못 되게 군 복무를 했습니다.

김은남 최전방 부대로 가신 셈이네요. 학생운동 하다 왔다고 고참들한테 괴롭힘을 당하거나 하지는 않았나요?

김상곤 저도 처음엔 그럴까 봐 조금 긴장을 했는데, 전혀 그런 게 없었습니다. 물론 전방이다 보니 날씨도 춥고 병영생활 자체는 힘든 점이 많았죠. 그렇지만 사람들이 잘해줘서 크게 힘든 점은 없었습니다.

김은남 괴롭힘을 당한 게 아니라 오히려 보살핌을 받았다고요?

김상곤 제가 좀 사람이 조용하고 겸손하잖아요(웃음). 농담이고요. 대학 다닐 때 제가 두어 달 사주 공부를 한 일이 있었어요. 선무당이 사람 잡는다고, 군대 가서 그걸 좀 써먹었죠. 시간 날 때 선임하사나 동료 사병들 사주를 봐주곤 했어요. 덕분에 참 많은 얘기를 나누게 됐는데, 그러면서 제가 이분들한테 굉장히 많은 걸 배웠습니다. 그 시절 부대엔 대학생은커녕 고졸자도 별로 많질 않았어요. 특히 사병들은 거개가 시골 출신에 초등학교 졸업 내지는 중퇴 학력이었죠. 오직 한 명만이 중졸 출신이었요. 그런데도 이분들이 얼마나 순수하고 낙관적인지 몰라요. 이들이 가진 순수성, 삶에 대한 애정, 소박한 소망 같은 걸 들으면서 참 많은 것을 배우고 느꼈습니다.

김은남 청계천 봉제공장에서, 군대에서 우리 사회의 밑바닥 삶을 관찰하신 셈이네요.

김상곤 그렇죠. 그때만 해도 현실이 고통스럽긴 하지만 그래도 사람들이 꿈을 갖고 있었던 것 같습니다. 열심히 노력하면 언젠가는 잘살 수 있을 것이라는. 그런데 지금은 그런 게 급속하게 무너졌어요. 사회 양극화가 심해지다 보니 상대적인 불평등, 소외감이 더 팽배해졌다고나 할까요? 결국 양극화야말로 사회를 무너뜨리는 최대 위험 요소라는 생각이 듭니다.

김은남 그런데 군대에 다녀온 뒤로는 학문의 길로 접어드셨어요. 운동권 입장에서 보자면 '변절'일 수도 있는 선택 아닌가요?

김상곤 진로를 놓고 이런저런 고민이 많았습니다. 운동을 계속할까도 고민했죠. 그런데 그때는 운동을 하면서 살 수 있는 길이 별로 많지 않았어요. 시민단체나 연구단체들이 생겨난 게 1987년 6월항쟁 이후니까요. 1970년대만 해도 국회의원 보좌관이 되어 정치권에 가거나 이른바 재야인사로 사는 정도가 가장 일반적이었죠. 그런데 그건 제 적성에 영 맞질 않고, 제가 잘할 수 있는 길도 아니라고 판단했습니다. 그렇다면 공부를 계속하면서 제가 가진 생각을 키워봐야겠다고 생각했죠. 다만 졸업하고 한동안은 대학과 거리를 둬야겠다 싶었습니다. 학생운동 때문에 요주의 인물로 낙인이 찍혀 있던 상태였으니까요. 그래서 대학 졸업 직후 쌍용이라는 종합무역상사에 취직을 했다가 나중에 정부출연 연구기관인 국제경제연구원(훗날 산업연구원으로 통합)으로 자리를 옮겼죠. 이곳에 다니면서 마침내 공부를 다시 시작할 수 있게 되었고요.

김은남 해외 유학도 다녀오신 건가요?

김상곤 저는 유학을 다녀오지 않았습니다. 국제경제연구원에 다니면서 석사를 마쳤고, 1983년 한신대에 부임해 교수를 하면서 박사 과정을 마쳤어요.

진보 교육감으로 산다는 것

김은남 2009년 교육감 선거에 처음 출마하셨을 때만 해도 '김상곤' 이름 석 자를 아는 사람보다는 모르는 사람이 훨씬 많았을 것 같습니다. 선거일을 불과 50일여 앞둔 상황에서 출마 결심을 하고, 선거운동을 시작하셨죠?

김상곤 본래는 2008년 12월 말 즈음 시민사회단체 대표께서 연락을 해왔습니다. 2009년에 교육감 선거가 있는데, 거기 후보로 나서주었으면 좋겠다고요. 그때는 딱 잘라 거절했습니다. "제가 할 일은 정치가 아닙니다. 사회운동 속에서 제가 가진 전문성과 경험을 살려 봉사하는 것이 제 일입니다"라고 말씀드렸죠. 실제로 그게 제 오랜 소신이기도 했으니까요.

그런데 2009년 2월에는 경기도 시민사회단체 대표들이 찾아왔어요. "지금 시점에서 경기도 교육감 선거가 갖는 의미를 잘 아시지 않느냐. 그런데 개혁·진보 진영에는 다른 대안이 없다. 결국 우리가 선거를 포기해야겠느냐"라고요. 이후에 민교협(민주화를 위한 전국교수협의회)과 교수 노조에서도 조직적 결정 사항이라며 제게 권유를 해왔습니다. 그땐 정말 고민이 되더라고요. 제가 웬만하면 잠을 못 자는 일이 없는데, 그날 밤엔 뜬눈으로 밤을 새우다시피 했습니다(웃음).

김은남 왜 마음이 흔들리신 건데요?

김상곤 2008년 서울시 교육감 선거에서 시민사회 진영이 주경복 교수(건국대)를 후보로 추대했지만 결국 실패했어요. 그 결과 공정택 교육감이 재선에 성공했죠. 그런데 선거 이후 공 교육감이 자율형 사립고를 대거 지정하는 등 MB식 특권교육 정책을 충실하게 수행하는 것을 보며 위기의식을 느꼈다고나 할까요? 그래서 경기도에서만은 이런 교육 흐름을 제지할 사람이 나와주기를 바랐는데, 정작 저보고 그 역할을 하라니 부담이 됐던 거죠.

김은남 일반 유권자들로서도 의아한 측면이 있었을 것 같습니다. 경영학자 출신이 갑자기 교육감이 되겠다고 나선 셈이니까요.

김상곤 그렇지는 않습니다. 제가 1987년 민교협이 처음 만들어질 때부터 적극 참여했어요. 그때부터 교육문제를 죽 지켜봐왔죠. 교육환경에 영향을 미칠 중요한 변화들도 꾸준히 체크해왔고요. 대학 교육뿐 아니라 초·중·고 학교 문화나 사교육 현황, 교사의 마인드, 학부모와 교사 간의 관계 등에 대해서도 민교협 차원에서 계속 얘기하고 토론해왔어요.

김은남 민교협에는 어떻게 참여하시게 된 건가요?

김상곤 1983년 한신대에 부임해 학생들을 가르치던 중 1985년 한신대 교수협의회(처음에는 교수평의회)가 만들어졌어요. 교수들이 자발적으로 협의회를 만든 것은 한신대가 전국에서 거의 처음이었다고 하더군요. 여기 참여를 하게 됐죠. 한신대는 기독교 재단이 만든 사립학교로 비리 문제는 거의 없었어요. 기독교 내에서는 오히려 가장 공평하고 형평성을 지키는 학교재단이라는 평가를 받는 편이었죠. 다만 학교에 대한 투자가 부족해 재정 부족이 좀 심각한 상황이었어요. 운영 시스템 자체도 기독교 영향을 받다 보니 개선할 점이 많았고요. 더욱이 당시는 시대 상황이 워낙 엄혹했던지라 교수 사회가 뜻을 모아 사회적 발언을 하기 위해서라도 교수평의회 같은 기구를 만들 필요가 있겠다는 공감대가 형성됐죠.

김은남 교수로 임용된 지 얼마 안 돼 다시 운동에 휘말리신 셈이군요. 조용히 학자의 길을 걸을 팔자는 아니었던 모양입니다(웃음). 그때만 해도 전두환 정권의 서슬이 퍼렇던 상황인데 해직이나 보복에 대한 두려움은 없었나요?

김상곤 그런 걱정은 할 겨를이 없었던 것 같습니다. 그냥 자연스럽게 (운동의 길로) 돌아가게 됐어요. 교수평의회를 만들고 이듬해인 1986년에는 전국 대학교수들이 민주화 선언을 했습니다. 그때만 해도 제가 새파란 30대 교수였는데, 김수행·정운영 교수 등과 함께 선언문 초안을 쓰는 데 참여하게 됐죠. 당시 선언에 참여한 교수가 300명쯤 됐으니 굉장히 많은 숫자가 모인 셈이었어요. 덕분에 이 선언이 이듬해 6월항쟁의 기폭제이자 밑거름이 됐다고 평가해주시는 분들도 있었습니다.

이렇게 교수들의 에너지가 모이면서 1987년 만들어진 것이 민교협이었어요. 그 전까지만 해도 시국이 워낙 엄중했던 데다 특정 사회세력이 조직화할 움직임만 보이면 중앙정보부가 일망타진을 하겠다는 식으로 달려들었기 때문에 엄두를 내기 어려웠거든요. 그렇지만 6월항쟁을 거치면서 이제는 교수 사회가 조직화를 할 필요가 있다는 판단이 들었죠. 그래서 저와 몇 사람이 적극적으로 원로 교수님들을 만나면서 설득 작업을 벌였어요. 그 결과 6월 26일 평창동의 한 식당에서 민교협 창립 선언을 하고, 그해 7월 말에는 성균관대에서 정식으로 창립총회를 열 수가 있었죠. 당시 민교협 규약 1조가 '교육과 사회의 민주화'였어요. 교수들이 주축인 만큼 사회 민주화와 더불어 교육 민주화를 핵심 과제이자 당면 과제로 내걸었죠.

김은남 1987년 민주항쟁 이후 사회 각계에서 민주화 요구가 봇물처럼 터져 나왔죠. 그 시기 교육계에서도 사학 비리 척결 운동이 굉장히 활발했던 것으로 기억합니다.

김상곤 민교협 초기인 1987년 말에 맨 먼저 시작한 것이 교육관계법 개정운동이었어요. 특히 사립학교의 공공성과 투명성을 높이기 위한 법 개정에 싸움의 초점을 맞췄죠. 몇몇 사학의 부정과 비리 사례를 폭로하고 해당 학교 교수들과 힘을 합쳐 싸우기도 했고요.

김은남 사학 비리는 지금도 끊이지 않는데, 무엇 때문에 사학 비리가 이토록 광범위하게 만연한 걸까요?

김상곤 우리나라 사학의 성장 과정을 보면 설립자가 학교를 위해 많은 것을 투자하고 헌신적인 노력을 한 경우도 많이 볼 수 있습니다. 그렇지만 사학이 팽창하는 과정에서 관료들과의 유착이 형성되기 시작했죠. 이렇게 유착된 관계 속에서 사학이 성장하다 보니 여러 가지 부정과 비리가 싹트고 뿌리를 내렸던 것으로 판단됩니다.

더 큰 문제는 시간이 흐를수록 교육이 시장에 완전히 내맡겨졌다는 거예요. 특히 대학 같은 경우는 김영삼 정부 때 도입된 대학설립 준칙주의에 따라 설립 요건을 제대로 갖추지 못한 대학들이 우후죽순 생겨나면서 문제가 더 심각해졌죠. 그 결과 전체 대학 중 사립대학이 80% 이상을 차지하게 됐으니까요(전문대 94%, 일반대학 79.6%). 중·고등학교도 사학 비중이 결코 적지 않습니다. 중학교가

20.5%, 고등학교가 41.5%예요. 그러다 보니 사학의 여러 한계와 비리가 주기적으로 터져 나올 수밖에 없는 듯합니다. 이건 결국 '87년체제'의 한계였다는 생각도 들고요.

김은남 87년체제의 한계라니, 그건 무슨 뜻이죠?

김상곤 민주주의를 보통 형식적(절차적) 민주주의와 실질적 민주주의로 나누죠. 이중 절차적 민주주의는 1987년을 계기로 조금씩 진전됐는데, 실질적 민주주의는 아직 시작 단계에 불과하다는 것이 학계의 대체적인 평가인 것 같습니다. 극단의 양극화가 진행되면서 사회 불평등이 갈수록 심화되고 있으니까요. 심지어는 절차적 민주화도 최근 들어서는 오히려 퇴행하는 듯한 불완전한 모습을 보여주고 있죠. 교육 현장도 마찬가지입니다. 학교 민주주의와 교육자치가 일정하게 진전됐다고는 하나 공교육 자체가 제대로 된 자기 질서와 체계를 갖추지 못한 상태에서 전통적인 관료주의와 권위주의적인 학교 문화가 여전히 영향력을 발휘하고 있죠.

교육감에 출마해달라는 시민사회의 요구를 받아들일 때는 이 같은 한계를 극복해보고자 하는 책임의식이랄까요, 사명감도 있었습니다. 25년 전 그때 우리가 좀 더 치밀했더라면, 좀 더 헌신적으로 연대하고 싸웠더라면 한국 사회가 지금보다는 나은 모습이지 않을까 하는 아쉬움을 늘 가지고 있었으니까요.

김은남 책임감과 사명감으로 출마하셨다지만 선거는 선거죠. 선거에 출마해본 적이 한 번도 없는 분이 선거일 50일 전 출마를 결심하셨으니 눈앞이 캄캄했을 듯합니다. 주변에서도 다들 뜨악해했을 것 같고요. 제가 2009년 당시 교육 담당 기자로서 경기교육감 선거를 취재해서 당시 일을 기억하고 있는데요. 사실 선거 당일까지도 김상곤 교육감이 당선될 거라고 생각한 사람은 거의 없었을 겁니다. 그래서 선거 다음 날 신문 헤드라인이 전부 통일이 됐죠. '이변'이라고(웃음).

김상곤 정말 막막했죠. 선거일(4월 8일)을 한 달 앞둔 3월 9일, 예비후보 등록을 마치고 몇몇 교수들과 음식점에 모였어요. 그때는 선거 사무실도 없었으니까요. 그런데 선거 대책을 논의하자고 만난 사람들이 얼굴만 멀뚱히 바라보고 있는 거예요. 다들 선거 경험 없는 교수들이다 보니 도대체 무슨 일부터 시작해야 하는 건지, 누구를 만나야 하는 건지 아무도 말을 못한 거죠. 선거운동을 하면서도 그랬어요. 날마다 우왕좌왕했죠. 결국 선거유세 한번 못 가본 지역도 많습니다. 그래서 어떤 날은 제가 선거운동본부에 먼저 물어본 일도 있어요. "오늘은 제가 어디로 가야 하나요?"라고요(웃음). 그렇게 어수룩하게 선거를 치르고도 당선됐으니 기적이죠.

김은남 스스로도 기적이라 생각하시는 모양이군요. 어떻게 그런 기적이 가능했을까요?

김상곤 시간이 흐를수록 반응이 달라지는 게 명확하게 보였어요. 처음에는 명함을 줘도 받지 않고 시끄럽다고 하던 분들이 나중에는 오히려 먼저 알은체를 하며 반겨주시더라고요. 당시 이명박 정부가 추진하던 일제고사나 자사고 확대 정책 등에 대한 반감이 그만큼 컸다는 얘기겠죠. 공교육 살리기에 대한 열망이 강력했다는 얘기도 되겠고요.

김은남 역대 정부가 교육 개혁을 추진하다 실패한 가장 큰 원인 중 하나로 관료를 장악하지 못한 점을 꼽으셨어요. 강력한 개혁안을 제안해도 관료들이 이런저런 핑계를 대 이를 사장시켜버리고 말았다고요. 교육청 차원에서 개혁을 추진할 때도 상황이 크게 달랐을 것 같지 않은데요.

김상곤 처음에는 교육청 관료들이 저를 거북해했을 수도 있겠죠. 특히나 2009년 처음 당선됐을 때는 제가 '임기 1년 2개월짜리' 교육감이었으니까요. 당장 내년에 임기가 끝나 어떻게 될지 모르는 사람한테 마음을 열기는 어려웠을 겁니다. 그렇지만 이분들이 관료로서의 기본적인 자세랄까요, 품성은 아주 잘 갖추고 있었습니다. 관료로서의 기본적인 자세란 리더가 제시하고 함께하고자 하는 비전과 정책을 최대한 존중하려는 자세라고 저는 생각합니다. 관료들이 이런 기본 자세만 갖추고 있다면 나머지는 리더 몫이에요. 리더가 비전을 명확하게 제시하고 함께 그 일을 해나가려는 자세를 보여주면 관료를 움직일 수 있죠. 그래서 저는 처음에 교육청에 들어가자마자 '3대 공약, 20대 주요 과제'를 먼저 제시했어요. 그런 다음 가능한 한 많은 관료를 직접 만나려 했죠. 당시 교육청에 부서가 23개였는데, 이들 23개 부서를 하나씩 돌아가며 전부 만났어요. 만날 때는 해당 부서를 총괄하는 본청 과장뿐 아니라 장학관, 장학사, 일반직 직원까지 모두 모이게 했습니다. 그 전까지는 상급자들만 불러 이야기를 하는 것이 관례였다는데, 이걸 바꾼 거죠. 이렇게 개방적이고 수평적인 분위기로 대화를 나누다 보니 관료들도 점차 마음을 열고 자신들의 전문성을 발휘하는 모습을 보여주었어요.

김은남 결국 관료는 리더 하기 나름이라는 말씀이네요. 그렇지만 관료 입장에서는 받아들이기 힘든 방식도 많았을 것 같습니다. 특히 김상곤 교육감의 경우 민간을 끌어들여 이런저런 위원회를 많이 만드셨잖아요? 무상급식 추진위원회, 학생인권조례 추진위원회처럼요.

김상곤 그것은 기존 조직의 경직성을 극복하기 위해 도입한 것입니다. 경영학 중에서도 제 전공이 조직론과 인사관리입니다. 그런데 교육감이 되고 나서 보니 교육 조직도 공공적인 행정 조직이어서 그런지 경직된 부분이 아주 많더라고요. 그러다 보니 유연성을 발휘하기도 어렵고, 우리 사회와 교육의 변화에 대응할 수 있는 시스템을 만들기도 쉽지 않겠다는 생각이 들었습니다.

김은남 위원회를 만들면 그런 한계를 극복하는 데 도움이 되나요? 교육청에서 일하는 관료들 입장에선 자칫하면 위원회가 오히려 옥상옥(屋上屋)이 될 수도 있지 않나요?

김상곤 교육청 같은 기존의 공식적인 조직은 정해진 목표를 달성하기 위한 정책을 집행하는 기구로서의 성격이 강하죠. 그런 만큼 변화하는 교육환경과 여건에 대응하기 위한 정책 방향을 정하거나 정책 사업을 개발할 때는 좀 더 유연한 조직틀을 활용하는 것이 훨씬 더 효율적일 수 있다고 봅니다. 그래서 도입한 것이 민간 전문가들을 끌어들인 위원회죠. 한 예로 학생인권조례 추진위원회 같은 경우 인권조례 제정을 위한 기초 작업을 수행한 것은 물론 조례가 실시된 뒤로는 그 효과를 평가하고 새로운 대안을 제시하는 역할까지 맡고 있어요. 학생인권조례라는 게 이전에는 없었던 시도잖아요? 이렇게 새로운 방향을 모색하려 할 때 내외부 전문가의 도움을 얻는 위원회 제도를 활용하는 거죠.

김은남 민간은 민간대로 또 의심을 했을 것 같아요. 본래 혁신학교 같은 경우 농촌 지역에서 자생적으로 발생했던 작은 학교 살리기 운동을 모델로 삼았다고 하셨잖아요. 그런데 이렇게 민간에서 잘되던 모형도 관이 개입하면 활력을 잃게 되는 경우가 허다하니까요.

김상곤 그래서 혁신학교 지원단이나 무상급식 추진단 같은 경우 단순히 자문단 역할이 아니라 이분들이 논의해 결정한 내용을 거의 그대로 존중하고 따르도록 했어요. 일단은 학자나 관료 말고 현장에서 오랜 기간 변화를 고민하고 실천해온 분들로 지원단을 구성하는 것이 우선이었죠. 그런 다음 지원단 협의 과정에는 교육감인 저도 일체 개입하지 않는 것을 원칙으로 했어요. 교육청 관료들도 이분들을 지원하는 역할만 하게 했고요. 다시 말해 지원단에 기획은 물론 일정하게는 집행 권한까지 위임한 셈이죠. 그랬더니 이분들이 '이렇게 하니까 신선한데?' 하면서 호기심을 느꼈던 것 같아요. 기존에는 관에서 먼저 지침을 주고 그대로 따라 하라는 식이었는데 이번에는 달랐으니까요. 이렇게 자발성을 끌어내는 방식이 결과적으로는 민간의 신뢰로 이어졌던 것 같습니다.

김은남 교육감으로 재직하는 동안 정치적인 공격도 많이 받으셨죠. 특별히 '이건 좀 열 받는데?' 내지는 '이건 좀 아픈데?' 싶었던 공격이 있었나요?

김상곤 학생인권조례가 한창 논란이 됐을 때 보수 언론에서 연일 저를 공격한 일이 있는데, 그때 좀 화가 났습니다. 학생인권조례 내용을 갖고 비판하고 염려하는 건 얼마든지 있을 수 있는 일이죠. 그런데 '좌파 교육감이 교육을 망치고 있다'는 등 색깔론으로 이 문제를 호도하려 드는 건 도저히 받아들일 수가 없었습니다. 저는 교육문제에 색깔론을 들이대는 것이야말로 정치적 노림수가 분명한 행위라고 봅니다. 이런 얘기를 하는 사람들을 가만 보면, 철저하게 기득권의 이해관계에 따라 움직인다는 것을 알 수 있어요. 교육을 개혁해야 한다는 아주 상식적인 이야기에 대해서조차 기득권의 이해에 반한다 싶으면 '좌파'로 낙인을 찍어버리는 거죠. 한동안 기자들이 제게 가장 많이 한 질문 중 하나가 "진보 좌파 교육감이라는 표현에 대해 어떻게 생각하세요?"였어요.

김은남 저도 묻고 싶네요. 진보 좌파 교육감이라는 표현에 대해 어떻게 생각하세요?

김상곤 그때나 지금이나 제 답은 같습니다. "지금 교육에서 제가 하고자 하는 일은 붕괴된 공교육을 정상화시키는 것입니다. 이것을 '과거에 비해 앞으로 나아간다'라는 뜻에서 진보(進步)라고 표현하신다면 기꺼이 받아들이겠습니다. 그러나 색깔론으로 그런 표현을 쓰시는 거라면 사양하겠습니다. 그것은 부당합니다."

김은남 그럼에도 진보 교육감이라면 무조건 색안경을 끼고 보는 분들도 많았을 것 같습니다. 특히 교장 선생님들 같은 경우 보수적인 성향을 가진 분들이 많은 편인데, 이로 인한 마찰이나 갈등은 없었나요?

김상곤 정치적 견해나 입장이 다른 경우는 더러 있죠. 그러나 개인적 견해는 견해고, 학교와 교육의 발전 방향이나 구체적 정책과제에 대해서는 얘기가 서로 잘 통합니다. 오히려 현장에 가면 저 보고 "(보수) 신문에서 볼 땐 굉장히 경직된 사람일 줄 알았는데, 실제로 만나 보니 부드럽고 소통을 잘하는 스타일이어서 좋다"고 얘기하시는 분들도 많아요. 제가 제 얘길 하려니 좀 쑥스럽네요(웃음).

김은남 교육감이 된 뒤로 가장 힘들었던 때는 언제인가요?

김상곤 교육부나 경기도와 매번 부딪치는 게 쉽지는 않았죠. 고발당하고 법정에 서는 일에야 당당하게 임할 수 있었지만, 경기 교육에 더 심혈을 기울여야 할 시간을 소모적인 데 써야 한다는 게 안타까웠죠. 그렇지만 이보다 훨씬 힘들었던 것은 교육 개혁이나 교육 민주화에 관한 생각을 함께 나눴던 분들로부터 오해나 비난을 받을 때였던 것 같습니다.

김은남 '우군'이라 생각했던 사람들로부터 공격을 받을 때가 힘들었다는 얘기인가 보군요.

김상곤 가령 비정규직 공무원 문제로 지금도 계속해서 갈등이 빚어지고 있는데, 경기도교육청으로서는 재정을 비롯해 여러 어려운 여건 속에서도 나름대로 최선을 다해 개선책을 찾으려 하고 있습니다. 비정규직 공무원을 정규직화해달라는 요구가 어떤 불안감에서 나왔는지 충분히 이해하니까요. 그렇지만 예산이라는 게 풍선 같은 것이어서 한쪽을 늘리면 다른 한쪽이 줄어들 수밖에 없죠. 기간제 교사 같은 경우는 정부가 정원을 늘려줘야 비정규직을 정규직으로 전환할 수 있는 만큼 교육청 단위에서 문제를 해결하는 데 한계가 있기도 하고요. 그나마 교육청이 할 수 있는 부분에 대해서는 단계적으로 접근하고 있습니다. 2013년에는 행정실무사·조리실무사 등 교육실무직원(학교 비정규직) 6천5백여 명을 '교육장 직고용' 형태로 무기계약직으로 전환하기도 했죠. 이렇게 노력을 하고 있는데도 '결국 당신도 기득권 세력 아니냐'는 식으로 비난하거나, 교육청 단위에서 들어줄 수 없는 더 큰 요구들을 들고 나올 때면 저도 사람인지라 기운이 빠지더군요.

보수와 진보가 동의할 수 있는 교육 개혁을 꿈꾸다

김은남 3부 대담을 시작하면서 제가 물었습니다. 경기도 혁신교육 모델을 일반화할 수 있겠느냐? 이게 혹시 경기도라서 혹은 김상곤이라서 가능한 공교육 성공 모델은 아니었느냐? 이제 여기에 대한 답을 찾을 차례인 것 같습니다.

김상곤 혁신교육의 실험은 지금도 현재 진행형입니다. 교육이 변화해서 정착하려면 최소 10년은 걸린다고 봅니다. 앞으로도 상당 기간 혁신교육 모델을 발전시켜 나갈 필요가 있습니다. 그럼에도 제가 교육감이 되고 나서 실현하려 애쓴 핵심 정책들, 그러니까 무상급식과 학생인권조례, 혁신학교 등이 오늘날 국내외를 막론하고 관심의 대상이 되는 것을 보면 감회가 복잡합니다. 어쩌면 이것이 시대적 요구였다는 생각도 들고요.

김은남 어떤 측면에서 시대적 요구였다고 생각하시는 건가요?

김상곤 일단 교육정의라는 측면에서 그렇습니다. 제가 무상급식 문제를 처음 제기했을 때 많은 사람들은 이를 낯설어 했죠. 그러나 불과 몇 년 사이 사회 전반의 분위기가 완전히 달라졌습니다. 지난 대선에서 정치권은 여야 모두 무상급식과 무상교육, 복지국가와 경제 민주화 등을 주요 국정 방향으로 제시했습니다. 교육 분야에서도 교육비를 줄여 공평한 교육 기회를 보장하고, 경쟁을 완화하며, 소질과 적성을 살리는 교육을 하겠다는 공약이 이어졌죠. 이 모두가 경기혁신교육이 지난 5년간 추구해온 교육정의의 방향과 맥락을 같이 합니다.

김은남 2009년 교육감에 처음 출마하셨을 때만 해도 '특권교육 반대'라는 표현을 쓰셨어요. 그런데 이것이 지난 5년간 '교육정의'라는 개념으로 발전했네요.

김상곤 제가 처음 출마할 때만 해도 고교 다양성 확보라는 이름으로 특목고·자사고를 확대하고 부작용이 많은 일제고사를 밀어붙이는 등 이명박 정부의 교육정책에 문제가 많았기 때문에 특권교육을 반대한다는 표현을 썼습니다. 이제는 여기서 한 걸음 더 나아가 교육의 공정한 기회균등을 토대로 교육적 형평성을 추구하려는 노력이 필요하다고 봅니다. 이를 교육정의라는 말로 좀 더 폭넓게 체계화한 것이죠. 저는 정의야말로 지금 우리 사회가 가장 갈구하는 가치라고 생각합니다. 마이클 샌델의 책 〈정의란 무엇인가〉가 국내에서 베스트셀러가 된 것도 한국 사회가 얼마나 정의에 목말라 있는지를 보여준 것이죠.

김은남 교육이 전 국민적 관심사가 된 지는 오래입니다. 그렇지만 한편으로는 그렇기 때문에 냉소 내지 회의적 분위기가 더 강한 것 같기도 합니다. '지난 반세기 동안 교육에 관한 별별 개혁 정책이 다 도입됐지만 결과적으로는 변한 게 없지 않느냐, 아니 오히려 더 나빠지지 않았느냐' 이런 불신이 사회 전반에 깔려 있는 것 같습니다.

김상곤 말씀하신 대로 해방 이후 별별 정책이 다 나왔죠. 특히 김영삼 정부의 5·31 교육 개혁안이 나온 뒤로는 영미식 교육 개혁 모델에 기반을 둔 온갖 개혁 정책이 줄줄이 쏟아졌습니다. 정권이 바뀔 때마다 교육개혁위원회니 교육혁신위원회 같은 기구가 생겨나 다양한 교육 개혁 정책을 제시하기도 했죠. 이것이 때로는 열린교육 같은 정부 주도식 개혁운동으로 나타났고, 때로는 고교 다양화 같은 신자유주의적 정책으로 나타나기도 했습니다. 그런데 가만히 살펴보면 어느 정부나 우리 교육이 안고 있는 문제로 꼽는 요인들은 대개 비슷합니다. 입시 위주 경쟁교육을 가장 큰 병폐로 꼽으면서 획일적인 학교 행정, 개성과 창의성을 무시하는 전근대적 교육 과정 등등을 문제점으로 지목했죠. 이를 개선하기 위한 각종 정책과 구체적 사업을 제시하기도 했고요. 그런데 결과적으로는 어느 정부나 교육

문제를 근원적으로 치유하기 위한 철학이나 정책 기조가 부족했던 것은 아닌가 합니다. 그러다 보니 시간이 흐를수록 애초에 제시했던 개혁안마저 적당한 선에서 타협이 이루어지고 왜곡되는 과정을 거치면서 상황이 더 악화됐던 거죠. 이에 따라 학생·학부모·교사의 고통은 더 심해지기만 했고요. 그 결과 이제는 교육이 희망이기보다는 애물단지가 되어버린 상황까지 흘러온 것 같습니다.

김은남 박근혜 정부도 출범 초기 여러 가지 주목할 만한 교육공약을 내걸었지만 시간이 흐를수록 각종 공약이 축소 내지 폐기되는 분위기라는 지적을 하셨습니다. 애초에 약속했던 일반고 살리기나 대학입시 간소화도 취지와는 달리 오히려 역행하는 쪽으로 흘러가고 있다고 하셨고요.

김상곤 결국 이 정부의 교육철학에 근원적인 한계가 있었던 것 아닌가 합니다. 권력집단의 성격이나 성향상 교육 기득권의 논리에 손을 들어준 측면도 있는 것 같고요.

김은남 박근혜 정부 들어 더 큰 문제는 이념 편향이 갈수록 심해지고 있다는 사실인 것 같습니다. 보수-진보 편 가르기도 심각합니다. 보수 진영은 전교조를 '종북'이라 매도하며 '무상급식은 좌파 포퓰리즘'이라는 식의 색깔론 공세를 이어가고 있습니다. 진보 진영은 진보 진영대로 교학사 교과서 파동 등을 겪으며 '보수=친일·독재 옹호

집단'이라는 프레임을 강화하고 있는 듯합니다. 상식적인 보수·진보는 설 자리를 잃은 채 양 극단의 목소리만 높아가는 형국입니다. 2014년 교육감 선거를 앞두고 교육계의 이 같은 이념 논쟁이 더 격화될 것이라는 전망도 나옵니다.

김상곤 우리 사회가 이념적으로 양분된 채 극단화하고 있는 현실이 참으로 안타깝습니다. 교육계에도 이런 양상이 나타나고 있는데, 저는 이런 현상을 더 부추기는 것이 언론, 그리고 사회 양 극단에 있는 그룹이라고 생각합니다. 이들이 자신의 기득권을 공고히 하기 위해 교육계를 이념 논쟁으로 몰고 가고 있는 것이죠.

그렇지만 교육문제는 이념적으로 접근해서도 안 되고, 접근할 필요도 없는 사안이라고 생각합니다. 무상급식에 좌파 딱지 붙이는 사람들 얘기를 하셨지만, 이제는 우리 사회에서 보편적 복지에 대한 주장이 진보와 보수를 가르는 기준이 되기는 어려워졌습니다. 국민들이 체감하는 정책은 보수·진보로 딱 부러지게 나뉘는 것이 아니니까요. 무상급식만 해도 이미 전국적으로 돌이킬 수 없는 흐름이 되지 않았습니까? 물론 재정 형편에 따라 완급을 조절할 필요는 있겠지만 보편적 복지라는 방향 자체가 옳았기에 이런 일이 가능했다고 저는 생각합니다. 말 그대로 '보편적 생각'이고 '보편적 정책'이었기에 여야를 막론하고 보편적으로 수용될 수 있었던 것이 아닌가 합니다.

김은남 5·31 교육 개혁안 이후 역대 정부가 쏟아낸 교육 개혁 정책들이 결국 근원적 한계를 갖고 있었다고 진단하셨는데요. 그렇다면 이 같은 한계를 극복하기 위해서는 교육이 어떤 방향으로 나아가야 한다고 보시는 건가요?

김상곤 5·31 교육 개혁안 이후 추진된 영미식 교육 개혁 모델은 시장 중심적인 경쟁과 효율에 초점이 맞춰져 있었다는 점에서 그 한계를 분명하게 드러냈다고 생각합니다. 이제는 교육의 공공성을 되살리는 한편 미래 사회가 요구하는 역량을 지닌 인재를 길러내는 방향으로 교육을 바꿔나가야 한다고 봅니다.

한국은 그간 산업화 시대를 통해 압축적인 경제성장을 달성했죠. 산업화 시대에는 대량생산 체제가 중심이었던 만큼 규격화된 정답을 빠른 속도로 찾아내는 인재가 요구되었습니다. 그러나 지금은 시대가 바뀌었습니다. 미래 지식기반 사회로 갈수록 창의적 인재 곧 개성과 창의력을 갖춘 인재가 필요해진다는 데 이의를 제기하는 사람은 없을 것입니다. 그렇다면 교육도 이에 걸맞게 선진적인 방향으로 바뀌어야 한다는 것입니다. 21세기 아이들을 20세기 방식으로 키울 수는 없으니까요. 사회 구성원들이 교육으로 인해 행복해지는 방향으로 나아가는 것도 교육 선진국들에 나타나는 중요한 흐름이라고 봅니다. 그러자면 모두를 불행하게 하는 무한경쟁에서 벗어나 협력과 나눔과 평화와 배려가 넘치는 진정한 선진 교육으로 나아가야 한다는 거죠. 이렇게 우리 교육이 미래교육, 선진교육, 행복교육으로 나아가야 한다는 데 대해서는 보수나 진보나 다 같이 공감할 것이라고 생각합니다. 박근혜 정부 또한 정책 방향 자체는 이렇게 제시하고 있으니까요.

김은남 영미식 교육 개혁과 대비되는 모델로 북유럽식 교육 개혁 모델이 많이 거론됩니다. 한국에서는 흔히 핀란드식 개혁 모델로 알려져 있기도 하고요. 앞으로 한국 교육도 이 방향으로 나아가야 한다고 생각하시는 건가요?

김상곤 북유럽 모델과 경기도 혁신교육 모델은 좀 다른데요. 그럼에도 불구하고 북유럽 모델에서 배울 점이 많다고 생각합니다. 북유럽 교육이 지닌 가장 큰 강점은 학부모와 학생, 그리고 교육 당국이 교사와 학교를 진정으로 신뢰하고, 교사들 스스로 변화하려는 노력을 게을리하지 않으며, 끊임없이 변화와 혁신을 추구한다는 것입니다. 물론 이들 나라의 경우 경쟁적 시장경제와는 다른 보편적 복지국가를 실현함으로써 사회체제의 안정성이 더 높다는 점 또한 간과할 수 없겠죠. 이것이 다시 교육 경쟁력으로 이어지는 측면도 있으니까요.

이런 북유럽과 달리 그간 우리 정부가 펼친 교육 개혁은 대부분 중앙에서 방향을 제시한 다음 이를 따르라고 일선 학교와 교사를 압박하는 식이었습니다. 교원평가 또한 교사를 압박하는 수단으로 쓰인 측면이 강하죠. 그런데 이처럼 교사를 '개혁 대상'으로 삼아서는 그 어떤 교육정책도 성공할 수 없다는 것이 그간 우리가 배울 수 있었던 교훈인 것 같습니다. 교육은 교사의 질을 뛰어넘을 수 없다고 하죠. 학교 현장의 협력 없이는 그 어떤 교육 개혁도 성공할 수 없습니다.

김은남 그렇지만 이 지점에서 보수와 진보의 생각이 갈릴 듯한데요. 김상곤 교육감과 달리 보수는 교사와 학교를 더 경쟁시켜야 한다는 입장입니다. 이를 위해 평가 또한 강화해야 한다고 주장하죠. 그런가 하면 학부모나 학생 개인에게는 좀 더 많은 선택권과 자율을 줘야 한다는 것이 보수의 기본 입장이기도 합니다.

김상곤 물론 건강한 경쟁은 필요하죠. 혁신학교 같은 경우도 신규지정과 재지정 절차를 통해 학교끼리 경쟁을 시킵니다. 학생과 학부모의 만족도가 떨어지는 학교는 재지정 심사 과정에서 탈락시키기도 합니다. 그렇지만 이것은 '선발효과'가 아닌 '교육효과'를 보는 것입니다. 처음부터 우수한 학생들을 뽑아 좋은 성적을 올리는 것은 누구나 할 수 있습니다(선발효과). 그러나 창의적인 교육 과정과 교사들의 헌신, 그리고 열정으로 교육력을 끌어올리는 것은 전혀 다른 문제입니다(교육효과). 제가 생각하는 건강한 경쟁이란 학교들이 이렇게 교육효과를 놓고 경쟁하는 것입니다.

그런데 선택권을 강조하시는 분들은 반대로 선발효과를 누리는 학교 곧 특목고나 자사고를 염두에 두고 논의를 전개하는 경향이 있습니다. 이런 학교들이 확대될수록 학생과 학부모는 층위를 지어

학교를 선택하게 되겠죠. 그런데 이게 진정한 의미의 선택권이 될 수 있을까요? 말이 선택이지 이런 학교들이 교육 양극화를 부추기고, 또 양극화의 결과 이런 학교에 대한 수요가 다시 높아지는 악순환이 이어질 것입니다.

김은남 교사에 대한 한국 사회의 신뢰도가 세계적으로 매우 낮은 수준이라는 통계를 인용하신 바 있습니다. 실제로 교사들을 '철밥통'이라 부르는 등 이기적이고 반개혁적인 집단으로 보는 시각이 많습니다. 이런 상황에서 교사들에게 자율권을 줘야 한다는 주장이 설득력을 얻을 수 있을까요?

김상곤 학업 성취도 평가를 예로 들어보죠. 교육청과 교장이 집중적으로 교사를 압박하면 분명 학생들의 성적은 올라갈 것입니다. 교사가 학생들을 들들 볶게 될 테니까요. 성적 올리는 방법이란 게 어찌 보면 간단합니다. 5지선다 객관식 문제지를 열심히 풀게 하면 금방 성적이 오릅니다. 그러나 이런 방식으로 학생들의 개성과 창의력을 키울 수 있을까요?

더 큰 문제는 이 과정에서 교사와 학생들의 관계가 악화된다는 것입니다. 교사를 성적 같은 단기적 효율 위주로 평가할수록 교사 눈에는 학생이 학생으로 보이는 게 아니라 '30점짜리' '90점짜리'로 보이게 될 것입니다. 성적 낮은 학생을 '내가 가르치고 도와줘야 할 학생'이 아니라 '우리 반 평균 깎아먹는 학생'으로 보게 된다는 거죠.

이렇게 되면 교사는 은연중에 학생을 서열화·등급화하게 되고, 낙오된 학생들은 학생들대로 정서적 좌절감을 겪게 됩니다. 이래서 교사를 기계적 질서로 억압하면 안 된다는 것입니다. 교사의 존재감이 떨어지면 학생들 또한 학업에 대한 흥미나 성취 욕구를 잃게 됩니다. 이것이 결국에는 교육력 퇴행으로 이어지게 되고요.

김은남 요즘은 경기도교육청에 외국 손님들이 많이 오더군요. 지난해만 해도 미국·독일·스웨덴 교육 전문가들이 교육청 초청을 받고 경기도를 찾았다고 들었습니다. 중국·베트남 같은 데서도 혁신학교를 견학하러 온다죠? 그런가 하면 교육감께서 미국·브라질·일본 등에 초청 강연도 다녀오셨다고 들었습니다. 국제 교류가 늘어난 특별한 이유가 있나요?

김상곤 요즘 경기도 혁신교육에 대한 관심이 외국에서도 많이 높아진 걸 느낍니다. 외국에서 볼 때 한국 교육은 양가적 관심을 불러일으키는 대상이죠. 교육이 한국의 급속한 사회경제적 발전을 가능케 한 동인(動因)인 동시에 오늘날 지나친 입시 경쟁으로 한국 사회를 망가뜨리는 주범이라는 걸 그들도 잘 알고 있으니까요. 그런 만큼 이런 한국의 교육 현실을 바꾸기 위해 경기도가 고군분투하는 모습이 그들의 흥미를 끈 모양입니다. 경기도 또한 지난해 국제 혁신교육 심포지엄을 개최하는 등 노력을 많이 했어요.

시사IN 포토

경기도의 혁신교육 사례가 외국에 많이 알려져 경기도교육청을 찾는 외국의 교육 전문가들이 늘고 있다. 사진은 국제혁신교육심포지엄 개막식 현장.

김은남 다른 나라의 경우 한국처럼 광역단체 차원에서 교육자치가 이뤄지고 있는 예가 별로 없죠? 교육감을 직선으로 뽑는 경우도 드물고요.

김상곤 소속 교원 수만 10만 3천 명이 넘으니까 아마 교육자치단체 단위로는 경기도가 세계에서 가장 클지도 모릅니다. 다른 나라는 대부분 기초단체 단위에서 교육자치를 도입하고 있으니까요. 그런 만큼 경기도 혁신교육 사례가 더 눈길을 끄는 것 같습니다. 지방 교육청과 직선 교육감이 중심에 서서 '자율과 자치의 시대'라는 시대적 흐름에 걸맞게 교육혁신을 이끌고 있으니까요.

요즘은 일본 교육계도 한국을 부러워하는 듯한 분위기입니다. 일본 같은 경우 중앙집권적인 교육행정이 워낙 강력하기 때문에 교육자치가 위축돼 있는 편이거든요. 한 예로 일본에서는 우리보다 10여 년 앞서 학생인권조례가 만들어졌어요. 가와사키 인권조례라고요. 그런데 일본에서는 이것이 상징적·선언적 의미로 남았습니다. 반면 한국에서는 학생인권조례가 제정되자마자 두발 자율화, 강제적 야자(야간자율학습) 금지 등 학생들의 인권 상황을 개선하는 효과로 바로 이어졌거든요. 이런 한국의 역동성을 부러워하는 거죠. 이것이 교육 경쟁력으로도 이어질 수 있다고 보는 거고요.

김은남 그렇지만 중앙정부와 지방 교육청이 마찰을 빚으면서 교육자치가 흔들리는 사례가 끊이지 않고 있습니다. 교육감 직선제를 폐지해야 한다는 주장도 계속해서 나오고 있고요.

김상곤 국가권력이 교육을 통제하는 데 익숙했던 우리 문화와 정서를 감안하면 이 정도나마 교육자치를 이뤄냈다는 게 어느 면에서는 기적 같은 일이라고 생각합니다. 그전까지는 교육자치라는 게 일반인에게는 낯선 개념이었죠. 지방 교육청은 중앙에서 결정한 교육정책을 따르고 집행하는 기구라 여기는 것이 일반적이었습니다. 그러나 지난 5년 경기도의 다양한 혁신교육 실험을 지켜보면서 많은 분들이 교육자치에 대해 새로운 인식을 갖게 됐다고 합니다. 교육 또한 누가, 어떤 정책을 펼치느냐에 따라 완전히 달라질 수 있는 '선택의 영역'임을 새삼 깨닫게 됐다는 것이죠.

더 큰 수확은 이 과정에서 교사와 학부모들이 교육의 주체로 당당히 서기 시작했다는 것입니다. 그간 말로는 '학교 공동체'를 얘기했지만 실제로는 학교가 공동체적 역할을 하기가 쉽지 않았죠. 그렇지만 경기도에서는 학생·교사·학부모 교육의 세 주체뿐 아니라 지역주민까지 끌어들인 교육 거버넌스로 학교 문화를 바꿔나가려 하고 있습니다. 저는 이처럼 교육 현장의 '자율과 자치'를 확대해가는 것이야말로 우리 교육이 나아가야 할 방향이라고 생각합니다. 보수건 진보건 이런 방향 자체를 부정하고 반대하기는 쉽지 않을 것입니다.

김은남 그간 얘기를 나누면서 사고하시는 게 상당히 낙관적이라는 생각이 들었습니다. 사실 한국 학부모들의 교육열은 때로 지나치다 싶을 정도죠. 그렇지만 김상곤 교육감께서는 이 같은 학부모의 열정이 한국 교육의 경쟁력일 수 있다면서 이를 혁신의 에너지로 끌어들이려 하고 있습니다. 교사나 관료들에 대해서도 비판의 잣대를 들이대기보다는 잠재적 역동성이나 전문성을 높이 평가한다는 느낌을 받았습니다.

김상곤 '좋은 학교'라고 알려진 학교들을 돌아다니다 보면 공통점을 발견할 수 있습니다. 이 학교들이 처음부터 교육 여건이 좋았던 것이 아니에요. 일반적으로 보기엔 오히려 아주 나쁜 조건을 안고 있는 학교도 많습니다. 그런데 좋은 학교는 이런 나쁜 조건을 아주 유리한 교육적 상황으로 바꿔놓아요. 이를테면 시골 학교 같은 경우 주변 자원이 부족하지만 아이들의 자연친화적 감수성을 키우기 좋다는 장점에 주목해 이에 기반을 둔 교육 과정을 설계하는 식이죠. 대도시에 있는 학교는 자연 환경이 떨어지는 대신 다양한 문화적 체험을 할 수 있다는 장점에 주목하고요. 어떤 교육정책이든 성공하려면 이런 식의 접근이 필요할 것 같습니다.

김은남 마지막으로 촌스럽게 여겨질지도 모를 질문 하나 던지겠습니다(웃음). 교육 분야에서 혹시 롤 모델로 삼는 인물이 있습니까?

김상곤 한 분 있습니다. 핀란드 초대 국가교육청장을 지낸 에르키 아호 씨입니다. 2011년에 경기도교육청을 찾아주셔서 대화를 나눌 기회가 있었는데 참 대단한 분이라는 생각이 들었습니다. 핀란드의 경우 교육이 권력에 따라 흔들리면 곤란하다는 사회적 합의 아래 1970년대 국가교육청을 만들었습니다. 그러고는 20~30년에 걸쳐 총체적이고도 지속적인 변화를 추구했죠. 국가교육청장만 18년을 지내면서 이 작업을 주도한 이가 바로 아호 씨입니다. 핀란드 교육을 오늘의 모습으로 발전시키는 데 앞장서 기여했다는 점에서 늘 존경스럽게 생각합니다.